福尔摩斯全脑思维开发术

越玩越聪明的逻辑思维推理游戏

姜克峰◎著

中国法制出版社
CHINA LEGAL PUBLISHING HOUSE

前言

逻辑思维影响着人的分辨能力、表达能力、学习能力和创新能力。逻辑思维是人的这四种能力产生、发展的前提和基础。人们拥有了良好的逻辑思维，就可以更好地把握规律，进而认识客观世界。

作为侦探悬疑小说代表作的《福尔摩斯探案全集》是所有侦探小说迷的必读经典书，即使是对这方面没有兴趣的人也大多听说过福尔摩斯的大名。福尔摩斯是世界三大知名虚构人物之一，与米老鼠和圣诞老人齐名。

福尔摩斯虽然是一个虚构的人物，但是他的影响力是不可估量的。英国知名的皇家化学学会于 2002 年 10 月 16 日授予他荣誉研究员称号，使其成为第一位获此荣誉的虚构人物。在福尔摩斯被作者柯南·道尔创作出来一百年后，英国皇室决定授予他爵士爵位。以往授爵的条件是苛刻又严肃的，这次却破天荒授予一个小说中的人物爵位，可见其有多么深远的影响。

《福尔摩斯探案全集》开辟了侦探小说的黄金时代，一百多年来被译成几十种文字，风靡全世界，是读者绝对不能错过的侦探小说。对一部侦探小说而言，最重要的是破案解谜的过程，这个过程就是一个运用逻辑思维抽丝剥茧的过程。作为经典之作的《福尔摩斯探案全集》中所运用的逻辑思维更是值得我们仔细推敲。

本书将福尔摩斯在探案过程中所运用的逻辑思维方式加以总结和整理，

希望读者看完本书后可以提高以下能力：

首先是灵活运用基础知识的能力。逻辑推理需要深厚的知识积累，其中包括生活常识和一些简单的专业知识。知道得越多，对推理最终的结局越有帮助。我们大多数人的知识积累还不够丰富，但是更主要的问题是，即使是自己知道的内容，可能也无法在具体事件中应用出来，希望读者们能在本书中找到知识应用的具体方法。

其次是想象能力。因为逻辑思维有很强的灵活性和开放性，发挥想象对逻辑推理能力的提高有很大的促进作用。我们需要养成从多个角度去思考问题的习惯，以便更加全面地认识事物的内部与外部之间、事物与事物之间的联系，才能扩展自己的想象力。

最后是对图形的鉴别能力。几何图形中包含了很多隐藏的线索，对图形是否敏感，认识是否深刻，这些问题会直接影响问题的最终结果。因此，这方面的能力在培养逻辑推理能力过程中是绝对不能忽视的。

逻辑思维能力对我们每个人来说都是很重要的，即便不是推理迷，在日常的生活和工作中也会不知不觉地应用这种能力。希望本书能帮助想要在逻辑思维方面有进一步提升的朋友达到自己的目的。

目录

• CONTENTS •

第一章　福尔摩斯归纳演绎法：有条理，才能另辟蹊径

第一节　福尔摩斯告诉你，如何才能另辟蹊径

第二节　另辟蹊径的案例

第二章　福尔摩斯逻辑法：抽象概括：通过符号揭露事物本质

第一节　福尔摩斯告诉你，什么是逻辑学中的“一笔画”

第二节 成功揭露事物本质的案例

第三章 福尔摩斯学徒法：分析综合：加强知识联系，系统解决问题

第一节 福尔摩斯告诉你，如何提高问题的解决能力

第二节 成功分析解决问题的案例

第四章 福尔摩斯分类比较法：分类比较：确定因素异同，走上思维巅峰

第一节 福尔摩斯告诉你，如何进行分类比较

第二节 成功确定因素异同的案例

第五章 福尔摩斯高手法：类比思维：解决陌生的“疑难杂症”

第一节 福尔摩斯告诉你，怎样解决陌生难题

第二节 成功解决陌生难题的案例

第六章 福尔摩斯大师法：形神思维：戳穿对方的“高明”谎言

第一节 福尔摩斯告诉你，如何使用形神思维

第二节　成功戳穿谎言的案例

第七章　福尔摩斯专家法：辩证思维：在本质上认清事实真相

第一节　福尔摩斯告诉你，如何透过现象看本质

第二节　成功认清事实真相的案例

第八章　福尔摩斯掌门法：迂回思维：避开障碍，迈向成功

第一节　福尔摩斯告诉你，如何拐个弯思考问题

第二节　成功运用迂回思维的案例

第九章　福尔摩斯传奇法：发散思维：抓住迷雾中的那根绳

第一节　福尔摩斯告诉你，思维是怎样发散的

第二节　成功利用发散思维的案例

第十章　福尔摩斯传说法：逆向思维：从后往前，追溯事件源头

第一节　福尔摩斯告诉你，如何反其道而行之

第二节　成功利用逆向思维的案例

第一章

福尔摩斯归纳演绎法：

有条理，才能另辟蹊径

第一节

福尔摩斯告诉你，如何才能另辟蹊径

苏格拉底会死吗

第一次世界大战期间，德国军队的攻势很猛烈，法国军队为积蓄力量，避开德军的锐气而巧妙地运用隐蔽战术。一时间，德军失去了攻击的目标。于是，德军指挥官下令让侦察兵侦察法军动向。

一天，德军一名军官闲来无事，用望远镜四下观察，发现敌军阵地的下方突然蹿出了一只名贵的波斯猫。波斯猫毛色雪白，正懒洋洋地躺在沟壑旁晒太阳，样子完全不像野猫。

于是，德国的军官判断出波斯猫所在的地方附近必定有法军指挥所。德军军官下令进攻，果然在沟壑处全歼法国军队。

这个例子中，睿智的德国军官就使用了著名的“三段论”推理。其推理过程很简单：

第一步：

有名贵波斯猫的地方，会有法军高级指挥官；

前方阵地有名贵的波斯猫；

所以，前方阵地会有法军高级指挥官。

第二步：

有法军高级指挥官的地方，会有法军高级指挥所；

前方阵地有法军高级指挥官；

所以，前方阵地会有法军高级指挥所。

“三段论”推理是演绎推理的一种。它包括一个包含大项和中项的命题

（大前提）、一个包含小项和中项的命题（小前提）以及一个包含小项和大项的命题（结论）三部分。苏格拉底有一段著名的“三段论”推理：

人都会死（大前提）；
苏格拉底是人（小前提）；
所以，苏格拉底会死（结论）。

三段论实际上是以一个一般性的原则“大前提”以及一个附属于一般性原则的特殊化陈述“小前提”，来引申出一个符合一般性原则的特殊化陈述即“结论”的过程。

三段论是人们在进行数学证明、办案、科学研究等活动时，能够得到正确结论的科学性思维方法之一。

知识分子应当受到尊重；
人民教师是知识分子；
所以，人民教师应当受到尊重。

其中，“人民教师应当受到尊重”这部分，“人民教师”在结论中被称作小项，用“S”表示；“应当受到尊重”部分是谓项，又称作大项，用“P”表示；在大小前提中，共用的项叫中项，也就是“知识分子”部分，用“M”表示。

“三段论”推理，是根据两个前提所表明的中项“M”与大项“P”、小项“S”之间的关系，通过中项“M”的媒介作用，推导出确定小项“S”与大项“P”之间关系的结论。

在某个三段论中，必须有且只有三个不同概念。因此，就必须使三段论中的三个概念在其分别重复出现的两次中，所指的是同一个对象、具有同一外延。

所谓“四概念”的错误就是指在一个“三段论”中出现了四个不同的概念。“四概念”的错误是作为中项的概念未保持同一而引起的。比如：

我国的大学分布在全国各地；
北京大学是我国的大学；
所以，北京大学分布于全国各地。

这个“三段论”的结论明显是错误的，但两个前提都是正确的，为什么两个正确的前提会推断出一个错误的结论呢？原因就是中项“我国的大学”没有保持同一，出现了“四概念”的错误。

也就是说“我国的大学”一词在两个前提里表示的概念是不同的。在大前提中是指我国大学的总体，表示的是集合概念；而在小前提中，它指的是我国大学中的任意一所，表示的不是集合概念，而是一个一般的概念。

因此，它在两次重复出现时，实际上表示着两个不同的概念。这样，以其作为中项，也就无法将大项和小项必然地联系起来，从而无法推出正确的结论。

同样犯“四概念”错误的例子还有：

英雄难过美人关；
我难过美人关；
所以，我是英雄。

在“三段论”中，还有一种错误是中项在两个前提中一次也没有被断定过它的全部外延。这就意味着前提中的大项和小项都分别只与中项的一部分外延发生联系，却没有发生全部联系。例如：

所有的金属都是可塑的；
塑料是可塑的；
所以，塑料是金属。

这就是典型的中项不外延错误。在这个“三段论”中，中项的“可塑”在两个前提中只断定了“金属”和“塑料”是“可塑的”这一部分，但是“塑料”和“金属”究竟处于何种关系是没有办法确定的。因此，这个推理是错

误的。

此外，我们在使用“三段论”时还需要注意一点，即两个否定前提不能推出结论。如果两个前提中的一个是否定的，那么结论必定是否定的；如果结论是否定的，那么前提中必有一个是否定的；如果两个前提都是否定命题，则表明大项和小项分别与中项互相排斥。

在这种情况下，大项与小项不能通过中项形成确定的关系。也就是说，两个前提不能通过中项准确地联系起来，导致无法得出结论。举个例子：

所有有神论者都不是唯物主义者；
我不是有神论者；
所以……

那么为什么前提之一是否定的，结论就必然是否定的呢？

这是因为如果前提之中存在一个否定命题，则另一个必然是肯定命题。否则就会像上面的例子一样，两个否定命题不能推导出结论。正确的例子应当是：

所有有神论者都不是唯物主义者；
我是有神论者；
所以，我不是唯物主义者。

“三段论”的使用在生活中十分广泛，多运用这种方法既可以加强自己的逻辑思维，又可避免陷入别人的逻辑圈套，可谓一举多得。

福尔摩斯基础演绎法

大侦探福尔摩斯在破案的过程中，每当找到线索时，头脑中就会搜索出相对应的一些逻辑，接着再运用对比、推理、运算等方法得出结论，然后再通过进一步的调查以验证之前的推论是否正确，这就是福尔摩斯基础演绎法。简单来说就是以一般性的逻辑假设为基础，得出特定结论的推理过程。

下面让我们一起来了解一下演绎法的具体操作过程：

首先，观察。观察是指观看、察觉事物的发展动向。以视觉为主，融合其他感觉于一体的综合感知，其中包含积极的思维活动，所以人们也称它为思维的知觉。观察是人类认识世界的重要途径。而观察能力是人类智力中的重要一环，夏洛克·福尔摩斯经常说的一句话是："你是在看，而我是在观察。"看是人的本能，就像我们看到一双手；而观察是看到这双手是粗糙还是细腻、是大还是小，指甲是否干净整齐，是一双男人的手还是女人的手等细节。比如，我们回到家，可以通过观察桌子上有几个茶杯来判断是否有人来家里做客，从茶杯的数量、摆放位置、杯子把手的朝向可以推断出客人的数量、大概身高（由位置推断臂长，进而得出大概身高）及他们惯用左手还是右手等信息，再猜测出客人可能是谁。这些我们可以做到，但需要实践训练和丰富的理论知识。

其次，有知识储备。如果说观察是演绎法的基础，那么知识就是观察的前提，否则就算观察到了一些东西，也不知道是什么。福尔摩斯总是能凭嗅觉和触觉来分辨各种物品的信息，对他来说这些信息就相当于直接摆在他的面前并能读出来一样。例如，我问这本书的作者是谁，可能喜欢看书的人就会知道；我问这支口红是什么牌子的，可能喜欢化妆的女生就会了解；我问这种花的花期是几月，可能喜欢花草树木的人会知道怎么回答。所以，人们想要掌握演绎法，要尽可能地完善自身的知识储备，这样才能完成这至关重要的一步。

再次，思考。在破案的过程中，我们很可能一不小心就做出了错误的推断，导致错误的推论，所以我们必须保证正确思考以做出正确的推断，甚至还需要审查他人的思考结果是否正确。要真正掌握正确的逻辑思考法，需要经过以下四个步骤：1. 提出问题。多问几个为什么有助于我们发现问题的本质。问题可以包括：我想知道什么？我应该从哪里着手？在提出问题之前，我们根本不可能去解决问题，所以这往往是整个思考过程中的重中之重。2. 分析现状。尽可能多地搜集线索，充分发挥自己的判断力，从错综复杂的消息网中筛选出对自己有用并且是真实的信息，但要注意摒弃未经

证实的消息。3. 确定方法。这是很需要创造力的一步，除现有已知的一些方法外，我们还要寻找新的开创性方法，但是新方法要通过实践的检验才能被广泛应用。4. 检验证明。在检验之前，我们不知道第三步中运用新的开创性方法所得出的结论是否正确，所以我们需要用理性的思考去验证。至此，便形成了一套完整的思考体系。

复次，有耐心。在演绎法中的每一步都需要耐心，观察是持续看的过程，知识是需要长时间积累的，思考更是要一步一步来的，所以耐心是贯穿在应用演绎法过程始终的硬性条件，如果没有耐心，一不小心就会陷入误区，不仔细的话很容易会犯先入为主的错误。比如，看过了这么大段的文字后，我突然又给出了一长串阿拉伯数字 141592653589，估计很少有人会认真看这些数字，如果看了，你会发现这是圆周率小数点后的 11 位数，这时可能很多人又回去看那串数字了。要是再细心一点，你会发现，不是 11 位数，而是 12 位数。这就是先入为主形成的误差，需要我们用耐心来消除。

最后，推理。推理是一个严谨的过程，它是综合了观察、知识、思考、耐心四个要素后才能进行的步骤，疏漏任何一点都会导致结果的不正确。如果前面的工作都做到位了，那推理便成了顺理成章的事情。

福尔摩斯基础演绎法是一个从共性到个性的推理方法，即根据事物的共性得出从属于这类事物的特定结论。若能掌握并应用这种方法，可以使我们的逻辑思维得到很好的锻炼。

演绎法不是魔术，不是超能力，更不是法术，它来源于数学，然后应用到生活中。

“取出来”和“放进去”

有人说：“世界上最难的有两件事：一是将别人的钱装进自己的口袋，二是将自己的想法塞进别人的脑袋。”对福尔摩斯而言，在推理过程中需要做的是：在纷繁复杂的信息里抽丝剥茧，把有用的线索和知识取出来，然后在梳理和重组案情的时候将正确的信息放进去。如同他在《分身案》里面说的：“华生，我不是奉承你，你进步很大，你的这番描述确实很好。虽然忽略了一些重要的东西，但已经掌握了方法。你察言观色的眼睛确实很敏锐。老弟，你绝不可以只依靠一般印象做判断，而要注意细节。首先，对于女人我着眼的总是她们的袖子。看一个男人，也许首先观察他裤子的膝部为好。就如同你看到的那样，这女人的袖子上有长毛绒，这是观察痕迹的最有用的材料。看来十分明显，手腕再往上一点的两条纹路是打字员压着桌子的地方。手摇式的缝纫机也会留下类似的痕迹，不过是在左臂上，离大拇指最远的一边，而不是像打字痕迹那样正好横过最宽的部分。然后，我看了看她的脸，见鼻梁两边都有夹鼻眼镜留下的凹痕，我便大胆提出近视和打字这两种说法，这似乎使她感到惊讶。"

在描述中，福尔摩斯分析"手腕再往上一点的两条纹路是打字员压着桌子的地方"，这就是一个"取出来"的过程。他观察到女人的手腕上有两条纹路，然后在记忆中搜索，怎样才会造成这样的纹路，再将他之前所积累的经验和学过的知识从脑海中"取出来"，与现在的情况重叠在一起，得出结论——这是打字员手腕压着桌子的地方留下的印记。另外，他看到女人鼻梁的两边有夹鼻眼镜留下的凹痕，便大胆提出近视的说法。同样，他也是在脑海里搜索在鼻梁两边怎样才会留下凹痕，再将这部分记忆"取出来"，然后大胆地假设求证，这是他的"取出来"。

后文中有这样的描述："那个男人因为贪图金钱而跟一个年龄远比他大的女人结了婚，只要妻子和前夫的女儿跟他们一起生活，他们就可以享用她的钱。就他们所处的地位来说，这笔钱财相当可观。因为失掉这笔钱，境况将大不相同，所以值得去拼命保住它。女儿为人善良和蔼，个性温柔多情，她这样品貌的姑娘是不会空守闺房的。她如果嫁人的话，将意味着她的继父每年损失一百英镑的收入。那么她的继父怎样预防这种事情发生呢？显然，他会想方设法把她关在家中，不允许她和同样年纪的人交往。不久，他发现女儿变得不那么听话了，她坚持自己的权利，最后竟然声称一定要赴舞会。这么一来，她那个诡计多端的继父该怎么办呢？他想出一个毒辣的诡计，在妻子的默许之下，他把自己伪装起来，戴上墨镜，戴上毛蓬蓬的假络腮胡子，把自己清晰的说话方式变成柔声媚气的耳语。由于女儿近视，所以他的伪装就更显得万无一失。他以霍斯默·安吉尔先生的名字出现并向自己的女儿求爱，免得她爱上别的男人。"

福尔摩斯推测出女人是近视的，他在后面整理思路的时候将这一点“放进去”，使其成为真相梳理的重要一环。所以他的探案过程就是一个“取出来”和“放进去”的过程。

我们在日常的生活和工作中也离不开“取出来”和“放进去”的方法，因为这就是一个整理的过程。我们将与事件相关的信息从记忆中“取出来”，然后把所有正确的信息放到一起，组成清晰脉络的思路，如我们的工作总结、人际关系等都会用到它。掌握好“取出来”和“放进去”的方法，能帮助我们更好地工作和生活。

双轨反射思考方式

双轨反射思考方式包括归纳法和演绎法。我们先来分别看一下这两种思考方式：

归纳法是从观察、实验和调查所获得的个别事实中概括出一般原理的一种思维方式和推理形式，属于从个别到一般的逻辑推理方法。例如，人们在反复实践的过程中渐渐认识到“种瓜得瓜，种豆得豆”这样的个别现象，从而积累了大量的经验，经过分析和推理，得出了一个一般性的结论：所有生物都有遗传现象。这就是一个归纳推理的过程。归纳法的主要特点是：归纳法是思维对记录下来的事实的加工和处理；归纳法的结论是客观事物概括统计的结果；归纳法具有强烈的方法配伍性；归纳法不能深刻揭示事物的深层本质规律。下面我们来看一个例子：

王后生日聚会当天邀请了很多社会名媛，在聚会上，她和大家聊起了一顶价值不菲的“王冠”。相传这顶“王冠”不仅非常昂贵，而且拥有它的人会得到天神的祝福。这时，旁边的一位女士从手提箱里拿出一个王冠并骄傲地说：“尊敬的王后请看，这就是您刚才提到的王冠。”并将王冠放到了桌子上供大家观赏。突然，整个大厅的灯都灭了，一分钟后灯又重新亮了起来，可是桌子上的王冠不见了，众人见此皆议论纷纷，带来王冠的那位女士更是心急如焚。这时王后站出来说：“大家不要惊慌，大厅所有的门窗都是锁着的，偷王冠的人现在一定还在这里。”到底是谁偷走了王冠呢？

在这个例子中，首先，窃贼能在一分钟之内将王冠偷走，一定是有预谋的，而且他非常清楚自己的目标，而那名女士是突然将王冠拿出来炫耀的，在场的人都不知道她将王冠带到了现场。其次，王冠的体积比较大，很难藏起来，而且王冠没有机会被带到大厅以外的地方，那么王冠唯一可能的去处就是带来王冠的女士的手提箱。所以，根据归纳法，偷王冠的就是带来王冠的那位女士。

综上所述可以看出，归纳法的优点在于判明因果关系，然后以因果规律作为逻辑推理的客观依据，并且以观察、试验和调查为手段，所以结论一般是可靠的。

但是归纳法也有其局限性，它只能辨明简单的和确定性的因果关系，对于双向因果关系和随机性因果关系等复杂的问题，归纳法就无能为力了。

这时就要提到演绎法。演绎法是从一般到个别的推理方法，即用已知的一般原理考察某一特殊对象，推理出有关这个对象的特定结论。比如，所有生物都有遗传现象。从这点出发，我们可以得出，因为狗也是生物，所以狗也会有遗传现象。这是由演绎法得出的结论。演绎法的主要特点是：演绎是按照严格的逻辑规律为前提推导出结论的思维过程；公理是演绎的逻辑出发点；演绎是一般原理向实践转化的重要逻辑形式。三段推理术是演绎法中的主要形式，其中比较典型的例子就是前文提到的“苏格拉底会死吗？”

由于演绎法是我们已知的一般性原理，所以演绎推理是一种必然性推理，它揭示了个别和一般的必然联系，只要推理的前提是真实的，形式是合乎逻辑的，推理的结论也就必然是真实可信的。但是，演绎法也不是完美无缺的，演绎推理本身只能揭示共性和个性的统一，不能进一步揭示共性和个性的对立，这样就会导致人们在认识上的片面性。所以，只采用演绎法是不能完整地反映不断变化的客观世界的。

归纳和演绎这两种方法既互相区别、互相对立，又互相联系、互相补充。一方面，归纳是演绎的基础；另一方面，归纳必须以演绎为指导，演

绎与归纳是互为条件，互相渗透，并在一定条件下互相转化的。必须把二者有机地结合起来才能充分发挥逻辑思维的作用。所以美国哲学家杜威提出了所谓的“双轨反射思考方式”，认为归纳法和演绎法这两种方法可以同时采用，从而形成了科学的方法。

第二节
另辟蹊径的案例

鲍西娅的肖像

莎士比亚的名著《威尼斯商人》中有这样一个情节：

鲍西娅是位富家千金，她不仅拥有绝美的姿容，而且是个博学、细心、有道德修养的女性。许多王公贵族都热烈地追求她，然而鲍西娅并没有自己选择结婚对象的自由，因为她已故的父亲在遗嘱里要求鲍西娅必须猜匣为婚。

鲍西娅的父亲给她留下了三只匣子，分别是：金匣子、银匣子和铅匣子。这三只匣子上分别刻着一句话。

金匣子上刻的是："肖像不在此匣中"。

银匣子上刻的是："肖像在金匣中"。

铅匣子上刻的是："肖像不在此匣中"。

遗嘱中表明：这三句话中只有一句是真话。而且三只匣子中，只有一只匣子里放着鲍西娅的肖像画。鲍西娅许诺：如果前来求婚的人中有哪位能通过这三句话的考验并猜中肖像放在哪只匣子里，她就嫁给他。

巴萨尼奥聪明且英俊，他对鲍西娅慕名已久并前来求婚。那么他应该选择哪一只匣子呢？

这里有一个确定的前提，即"三句话中只有一句是真话"。那么，我们可以使用演绎法推论这三句话是否矛盾。

首先，若金匣子上的话为真，那么，金：肖像不在金匣子里，银：肖像不在金匣子里，铅：肖像在铅匣子里，是不矛盾的。

其次，若银匣子上的话为真，那么，金：肖像在金匣子里，银：肖像在金匣子里，铅：肖像在铅匣子里，是矛盾的。

最后，若铅匣子上的话为真，那么：金：肖像在金匣子里，银：肖像不在金匣子里，铅：肖像在铅匣子里，是矛盾的。

因此，金匣子上的话是真的，肖像在铅匣子里。巴萨尼奥凭借自己优秀的逻辑思维，成功“赢取白富美，走上人生的巅峰”。

珠宝店失窃案

在当地，约瑟珠宝店是最受欢迎的一家珠宝店，安保设施也是最完善的，因为里面有一件镇店之宝——价值连城的钻石项链，珠宝店店主还花重金为店铺上了保险。

这一天，约瑟珠宝店与往常一样营业到晚上十一点，店员乔安娜清点过所有物品之后，打开了防盗警报系统便下班了。第二天早上，店员南希用店里仅有的两把钥匙中的一把（另一把钥匙在店主手里）打开店门准备营业，突然发现摆在最显眼位置的那条名贵的钻石项链不见了，警报系统却未被触发，于是她立刻报了警。警察赶到现场询问了事情的经过，并仔细搜查了店里的每个角落，确认没有项链的踪迹。经过推理，警察很快找到了偷项链的贼，你知道是谁偷了项链吗？

这个案件我们可以采用归纳法进行推理。

第一，警报系统未被触发，说明是内部人员作案。

第二，约瑟珠宝店号称是当地安保设施最完善的店铺，想必店主不会偷自己的项链而砸了自己的招牌。

第三，与项链有单独接触机会的只剩下乔安娜和南希，假设是南希偷了项链，她没有时间去转移赃物，那么项链一定还在店里。

综合以上三点并运用归纳法进行推理，警察很快便锁定了犯罪嫌疑人是乔安娜。

家庭主妇被杀案

警察接到报案，一名家庭主妇在自己家里被杀死，经过走访调查，警察得知这位家庭主妇有收藏包的爱好，她将自己收藏的包整齐地按照颜色排列在柜子里。死者和罪犯在搏斗的过程中将柜子里面的包弄乱了，之后罪犯又将柜子里的包按照之前的样子放好。警方在柜子旁边采集到了磕碰的痕迹，但是门窗都没有被撬过。经过勘查，警方确定了两名嫌疑人，一个是和家庭主妇十分熟悉的饭店老板，他因打架斗殴导致左手残疾，但饭店的服务员能证明老板在案发时和她们在一起。另一名嫌疑人是因红绿色盲而不能当兵的武术教练，他在案发时也有不在场的证明。凶手究竟是谁呢？

从目前掌握的情况来分析，武术教练是红绿色盲，他不可能将打乱顺序的包原样恢复，另外，现场有激烈的打斗痕迹，从这一点可以推断出真正的凶手与死者在力量上相差并不悬殊，所以才会纠缠一段时间。武术教练若想杀死家庭主妇轻而易举，但左手残疾的饭店老板则不然，所以饭店服务员肯定说谎了，凶手就是饭店老板。

姑姑的年龄

玲玲的姑姑痴迷于推理，她知道玲玲非常聪明，所以经常给玲玲出一些推理题。这天，姑姑又想考一考玲玲，便说：“我的年龄和你父亲的年龄加在一起是 48 岁，你父亲现在的年龄是我过去某一年年龄的两倍，在那一年，你父亲的年龄又是将来某一年我的年龄的一半，而将来的那一年，我的年

龄将是你父亲是我年龄三倍的时候的年龄的三倍，你能算出我今年究竟多少岁吗？”你能帮玲玲算出姑姑的年龄吗？

案例分析

我们仍然可以采用归纳推理术来分析这个案例，我们已知的条件有：1. 姑姑的年龄加父亲的年龄是 48 岁；2. 父亲的年龄是姑姑过去某一年年龄的两倍；3. 在过去的那一年，玲玲父亲的年龄是将来某一年姑姑年龄的一半；4. 将来的那一年，姑姑的年龄是父亲是姑姑年龄三倍时候的年龄的三倍。首先，根据第二点，说明父亲现在的年龄是个偶数，根据第三点和第四点，说明姑姑在将来的那一年的年龄是个偶数且能被 3 整除，那么可能数值有 18、36、54、72、90、108 等，因为父亲现在的年龄是一个偶数，所以前一年的年龄肯定是个奇数，即姑姑将来的那一年的年龄的一半是个奇数，这时，可能的年龄数就剩下了 18、54、90、108，如果姑姑将来那年的年龄是 18 岁，那姑姑当年的年龄是 2 岁，父亲是 6 岁，显然并不成立，而当姑姑将来是 54 岁的时候，姑姑当年是 6 岁，父亲是 18 岁，相差 12 岁，可以根据两人年龄和是 48 岁而得出姑姑的年龄是 18 岁，父亲的年龄是 30 岁。

谁在说谎

某珠宝店失窃，甲、乙、丙、丁四人因涉嫌作案被拘审。四人的口供如下：

甲：“案犯是丙。”

乙：“丁是案犯。”

丙：“如果我作案，那么丁是主犯。”

丁：“作案的不是我。”

四人的口供中只有一个人的口供是假的，那么说谎的是谁？

由于在四人的口供中只有一个人的口供是假的，而乙和丁的口供是互相矛盾的，也就是说，乙和丁中有一个人一定在说谎。假设乙在说谎，那么甲、丙、丁说的都是真话，而甲说丙是案犯，丙说："我如果作案，那么丁是主犯。"丙的口供和丁的口供相冲突，所以乙没有说谎，说谎的人是丁。

什么样的人杀了她

有一个女生胆子特别小，在晚上从来不敢出门。一天晚上，女生的父母外出未归，在城乡接合部的地方却发现女生被人杀害。那里的地形非常复杂，很容易迷路。女生的尸体被捆在一块石头上并沉进竹林深处的一口井中。请根据这些情况推断出凶手的一些特征。

女生胆子很小，晚上不敢出门，但是在父母外出的这天被杀害，说明凶手和女生一家可能是很熟的人，知道女生的父母外出未归而上门作案。案发现场的地形复杂，很容易迷路，凶手选择这样的地方说明他对这附近的地形非常熟悉，所以他有可能是女生的邻居。作案手法娴熟且惨无人道，说明凶手可能是个残忍的惯犯。综上所述，凶手可能是和女生家很熟并且有犯罪前科的某个邻居。

克里的兄弟姐妹

克里的父母有五个孩子。有一天，克里对玛丽说："我的四个兄弟姐妹有可能都是男孩；也有可能都是女孩；还有可能有一个女孩，三个男孩；或

者一个男孩，三个女孩；或者两个男孩，两个女孩。所以我的兄弟姐妹中有两个男孩，两个女孩的概率是 20%。”克里的说法对吗？

他的说法是错误的。四个兄弟姐妹的性别组合就有 16 种情况。四个人是同一性别的情况出现了两次，概率是 1/8；有一个和其他三个性别不同的情况出现了 8 次，所以概率是 1/2；两人是同一性别的情况出现了 6 次，所以概率是 3/8。这三个数加起来刚好是 1，所以克里的兄弟姐妹中有两个男孩、两个女孩的概率不是 20%。

命丧动物园

埃文夫妇开了一家小型动物园，夫妻俩平时就住在动物园里。

一天早上，天还没完全亮，动物的叫声就把埃文太太吵醒了，她从抽屉里拿了一把小手枪去查看动物的情况。

里昂探长赶到动物园中老虎区的时候，埃文太太已经死了一个小时了，死因是她的胸前挨了一刀，她的随身物品有一包烟、一条手帕、没掏出来的手枪和一张纸条。纸条上写着：五点在老地方见。里昂探长从死者好友口中得知，埃文很爱他的太太并信任她，但其实他不知道埃文太太有个情人——托尼，而且托尼就住在离动物园不远的地方。

里昂探长从播音室找到了一盒磁带，这盒磁带发出的声音引起了动物的吼叫，很快，里昂探长就找到了杀死埃文太太的凶手。那么凶手到底是谁呢？

第一，埃文太太是被动物的吼叫声吵醒，所以才去案发地点查看，这样的话她身上的纸条就是多此一举的，如果对方用纸条约了埃文太太见面，

那又何必大费周章地放磁带扰乱动物呢？所以托尼因为纸条这一点反而被洗脱了嫌疑。

第二，动物的叫声既然能吵醒埃文太太，也可以吵醒埃文先生，如果他们一起去查看动物的状态，凶手就无法实施谋杀了。除非埃文先生就是凶手，因为只有这样，他才能保证埃文太太是一个人去查看的。而埃文先生的作案动机就是他知道了自己的妻子和托尼有婚外情，他忍受不了背叛。

电车死亡事件

炎热的夏天，弗朗西斯和他的两个朋友一起坐电车，因车上很挤，弗朗西斯摘掉眼镜挤过人群，好不容易买到了票。

他伸手到自己的口袋里拿眼镜，突然叫了一声，等他抽回手的时候发现手上出血了。还没来得及擦掉手上的血迹，弗朗西斯就倒了下去。

电车在最近的一站停了，警察让车上的所有人先别走，然后勘查了现场。他们在弗朗西斯的口袋里发现一个插满针的软木塞，针上还有一股尼古丁的臭味，弗朗西斯因碰到了尼古丁中毒而亡。那么，究竟是谁在弗朗西斯的口袋里放了插满针的软木塞呢？

弗朗西斯摘掉眼镜放进口袋的时候，口袋里还没有插满针的软木塞。凶手肯定在电车上，除了乘客就是司机。大家在炎热的夏天出门都不会戴手套，在人群中如果有人戴手套会很显眼，但是司机除外。司机在卖票的时候可以接近弗朗西斯，而且戴手套也不会被怀疑，因为在拥挤的电车上想要把插满针的软木塞放进别人的口袋里，自己不小心也会被伤到，肯定要戴手套的。所以电车司机就是凶手。

第二章

福尔摩斯逻辑法：

抽象概括：通过符号揭露事物本质

第一节 福尔摩斯告诉你，什么是逻辑学中的“一笔画”

拿出你的放大镜

老子说：“天下难事，必作于易；天下大事，必作于细。”细节决定成败，世间事皆不出其外。

一位国王与一位伯爵准备用决战来决定谁统治王国。决战当天，国王马夫去准备战马，马夫让铁匠给国王的战马打掌。铁匠说：“几天前，我给军队的战马全部打了马掌，马掌和钉子都用光了，要重新准备。”马夫不耐烦地说：“我等不及了，你有什么就用什么吧！”于是，铁匠找来4个旧马掌和一些钉子。当每只马掌只打了两枚钉子时，马夫又等不及了，认为两枚钉子应该能够挂住马掌，就牵走了马。结果在战场上，国王的战马掉了一颗马掌钉，战马失足把国王掀翻在地。国王被伯爵活捉，他的王国也随之崩溃。

小小的一颗马掌钉掉了本是细微的变化，却能导致王国的衰败，可见，任何事都要从细节做起，否则就谈不上什么伟大的成就、辉煌的人生。细节可以反映很多方面，如一个人做事的态度、细心和耐心程度，甚至一个人的修养。例如，上洗手间之后要冲水这么简单的事，有些人都做不到，当然，这是在公共场合，如果换成在自己家里，相信大部分人都能做到这一点。从这些小细节上可以很轻易地看出一个人的修养。我们应抱着精益求精、注重细节的态度，才能提高自己的修为，处理好生活和工作中的每一件事。

对生活和工作中的事应如此，推理时也应注重细节，如下面这个例子：

在学生宿舍楼的正门外，一具尸体背朝上倒在地上，背部被垂直射进一支羽箭，从尸体头朝门、脚朝大道的姿势看，显然是在外出归来并正要开门的时候被杀害的。经查询，死者名叫中野。警长龟田翻动了一下尸体，发现尸体下面有3枚100日元的硬币；在死者衣兜的钱夹里，整整齐齐地放有若干10元和100元的硬币。

警长问宿舍楼的管理员："这幢楼里有多少学生居住？"管理员说："现在是暑假期间，学生们大都回家了，只剩下中野和伊藤两个人。他们俩都是射箭选手，听说下周要进行比赛。"他抬头指着对着正门的二楼房间说："那就是伊藤的房间。不过，今天晚饭后伊藤一直没有从二楼下来过。"龟田来到伊藤房间叫醒了他。伊藤吃惊地说："你们怀疑我吗？请别开玩笑，我一直没有出门，怎么可能在他背后射杀他？"龟田走到窗口，探身望了望，便转身取出3枚100元硬币，对伊藤说："这是你的吧，也许上面还有你的指纹。"伊藤一看，结结巴巴地说："可能是我傍晚回来，不小心从兜里掉下来的。"龟田说："哦，不用再狡辩了，凶手就是你！"住在二楼的伊藤是怎样谋害中野的呢？

案例中有一个非常容易被忽略的细节，就是尸体下面有3枚100元的硬币，而龟田警长自然不会放过这个细节。那么硬币是怎样跑到尸体下面的呢，因为管理员说大部分学生回家了，那么硬币似乎是故意给中野准备的，可以联想到，中野在回到宿舍正要开门的时候，看到地上的硬币，自然会低头弯腰去捡。那凶手这样做的目的是什么呢？再想到中野是背部中箭，那么真相大概就是伊藤把硬币放在门口故意让中野去捡，目的就是他可以在中野弯腰的一瞬间从二楼的窗口用箭杀死他，而中野背部中箭给人的第一印象便是凶手是在背后杀死他的，那么伊藤就可以洗脱嫌疑了。若是关注到这些细节，案子其实很简单，但如果忽略这些重要的细节，那么案子可能就会变成悬案。

但凡成功者，既要有统筹全局、宏观规划的本领，也要能谨小慎微、防微杜渐。刘备在奄奄一息的时候对刘禅说："勿以善小而不为，勿以恶小而为之。"这就是叱咤风云、戎马一生的刘备归纳出的人生最宝贵的经验，可能也是细节与全局的辩证法。任何一件大事都是由无数个细节构成的。一个细节有时候往往能影响全局的成败，只有注重并处理好每一个细节，才能让我们更快、更好地走向成功。

弱抽象与强抽象

认识的一个基本规律是“从特殊到一般，再从一般到特殊”，在数学的认识活动中，这一规律也有着十分重要的应用。在数学领域中，这就是所谓的弱抽象与强抽象。

弱抽象是直接从原型中选取某一特征加以抽象，从而获得比原结构更加广泛的结构形式，即从特殊到一般。弱抽象的方法论原则是人们可以将一类或某种结构内容较为丰富的对象作为弱抽象的原型，并通过特性分离和规范化的定义方法构造出更为一般的模式。弱抽象也可以叫作“扩张式抽象”，这是指由原型中选取某一特征或侧面加以抽象，从而形成比原型更普遍、更一般的概念或理论，并使前者成为后者的特例。例如，数学概念的内涵增加，外延减少就是弱抽象的一种。只有结构、内容较为丰富的对象才能成为弱抽象的原型。这是进行弱抽象的必要条件。实现弱抽象的关键在于如何对原型的性质做出具体分析，并从中分离出某类特性。为了完成弱抽象，我们必须用明确的规范化语言去表达分离出来的特性，并以此为定义去构造出新的对象。弱抽象的本质在于“舍弃”，通过弱抽象方法得到的属性，本来就存在于原来的一类事物之中，抽象的过程只是把它分离出来，而且被抽象出来的属性决定了这类事物与其他类事物的本质差异，因而是本质属性。

比如，数字 3 就是弱抽象的产物，在“3 个苹果”“3 只猫”“3 幢楼”等这类事物中，“个数为 3”是它们共同的本质属性，所以“3”被抽象出来，而“苹果”“猫”“楼”都是非本质属性而被舍弃。又如，“自然数”的概念，也是在“偶数”“整数”“有理数”“实数”等集合中抽象出来的。在逻辑推理中的归纳法可以对应“弱抽象”的概念。

强抽象是指在弱抽象不能解决的情况下，引入新的特征来强化原结构，

完成对原型的抽象，即“一般到特殊”。尽管强抽象的最终表现形式是较为简单的，但就其实际过程而言，又往往并非现成概念的简单组合，而必须通过新特征的“发现”或引入，才能由原型中分化出更为特殊的概念或理论。就概念的内涵和外延来说，减少内涵，扩大外延的抽象就是强抽象。

比如，由一般三角形的概念引入“一个角是直角”的特性，就得到了比较特殊的三角形的概念：直角三角形。又或者，在函数的概念中，引入“连续性”就形成了“连续函数”的新概念，进而有了“可微函数”。在逻辑推理中的演绎法可对应“强抽象”的概念。

“弱抽象”和“强抽象”在认识活动中都占有十分重要的地位，并具有相互补充、相互依赖的辩证关系，所以我们不能片面地强调其中的任何一个，而是应该辩证地看待问题。就像下面的这个例子：

乔治探长最近接到了一起凶杀案，一家进出口公司的董事长被人杀死在家中，乔治探长赶到案发现场后发现死者的家被布置得非常豪华，地上铺着厚厚的波斯地毯，墙上的四周挂着名家画作，从董事长死时的姿势可以推断出他是在接电话时被人从背后开枪打死的。

乔治探长找来死者的秘书了解情况，秘书说：“当时我和董事长正在通电话，突然电话里就传来了枪声和慌乱的脚步声，我感觉到可能是发生了什么不好的事情，于是赶快打电话报了警。”

乔治探长听了秘书的话马上意识到她是在撒谎，你知道为什么吗？

分析这个案例的时候，我们应该利用辩证的眼光去看待问题，秘书说她在电话里听到了慌乱的脚步声，探长观察到董事长的家里可是铺着厚厚的波斯地毯，走在上面是不可能发出声音的，这就是从一般到特殊的一个分析过程，所以探长断定秘书是在说谎。

事物都有自己的优缺点，弱抽象和强抽象也不例外，只有时刻用辩证的方法看问题、分析问题，才能把问题看得全面，才能从多方面认识事物，在联系中思考，在思考中发现问题的本质。所以，我们既要掌握从一般到特殊的方法，也要精通从特殊到一般的过程。

理想化的抽象是“点”“线”“面”

总结是为了更好地展开。在分析、论述一个问题的时候，我们既要有高度的概括能力，也要有详细的论述能力。这是某市的一篇中考作文，主题是公德：

公德是人们在公共生活和人与人交往时的准则、规范，公德对人们在社会生活中的行为产生约束作用，从而促进社会和谐。

可是有些人却置社会公德于不顾，这样的故事几乎天天都在发生：校园里，馒头、米饭随处抛撒；公用的水龙头总是清水长流；公园里的鲜花总会被弄成残枝败叶；青翠的草坪上小径纵横；名胜古迹上总有刺眼的“到此一游”痕迹。

摆在街头装点节日市容的鲜花、彩伞本来姓“公”，没几天就如“旧时王谢堂前燕”，“飞入寻常百姓家”了。

面对这些事例，我感慨万分。

在新世纪的跑道上，我们全面建设和谐的社会，公德在建设中起着重要的作用。因此，我们要发扬中华民族的传统美德，人人都应该具有社会公德心。

小作者紧扣主题，种种“缺德”现象尽收笔底，内容丰富，但是最终的得分却不高，为什么会出现这样的情况呢？就是因为处处都想得到，却处处无法展开，在写作的过程中，我们要找到与主题相关的其中一个着力点，从点到线，再从线到面，缓缓展开，逐渐深入地讲解这一点内容。若是广而不精，会使看文章的人产生不得要领、浮光掠影的感受，这是语文中的“点”“线”“面”，在逻辑推理的过程中也是一样的，在观察到某一点之后，逐步展开到线和面，还原整个真相，就如下面这个例子：

两年前，海伦的丈夫误杀了自己的儿子，被判刑六年。到了现在，海伦还是不能原谅自己的丈夫。今天是第一个允许探望犯人的监狱探视日，犹

豫了很久，海伦还是决定去看望她的丈夫。她带了几件换洗的衣服和前一天晚上就做好的牛肉，出门后还买了一瓶红酒。到了监狱，丈夫连忙道歉："亲爱的，我一时疏忽，失手杀死了咱们的儿子，这两年来，我没有一分钟不内疚自责，你能原谅我吗？""别再说这件事了，这里有些换洗的衣物，还有你最喜欢吃的牛肉和喜欢喝的红酒，你在里面注意自己的身体。我得走了，你保重。"海伦说。

海伦探监后的第二天，她的丈夫就离奇地死在了监狱里，尸检报告表明犯人是中毒而死的，但法医在他的胃和肠道里并没有发现有害物质，尸体也没有任何被攻击的伤痕。海伦的丈夫究竟中的是什么毒呢？又是怎么中毒的呢？

海伦探视的第二天她的丈夫就死了，所以他的死可能和海伦有关，由中毒这一点展开合理推测，他中的毒应该是海伦带过来的，对这一点进行发散思维，展开到线，死者的胃和肠道里没有有害物质，那么有毒物质的源头就不是食物。因为海伦还带来一些换洗衣物，所以她的丈夫是由于换洗衣物中有毒并进入毛孔而死的。这就是典型的一个在推理过程中运用"点""线""面"的案例。

这是一种正确的逻辑思维方式，在推理中应用它会使寻找真相的过程更加顺畅。在我们的日常生活中，正确运用它也会使事情更加顺利，就像我们看到了一个新闻，就可以用"点""线""面"的方法来思考这件事是真的还是假的。

2017 年，一篇文章中称：韩国的《环球新闻眼》采访乐天集团的会长辛东彬，当记者问及中国人当前抵制乐天，乐天集团有何打算时，辛东彬面露笑容说："不用担心，他们非常市侩，无骨气无血性，我们降价他们就买。根据以往的经验，他们最多抵制一段时间，就像刮阵风一样。""他们更关心的是自己的利益，对国家的责任感似乎很淡，不像我们。"

时值中韩关系紧张阶段，此新闻一出，立刻引起轩然大波。面对一篇这样的新闻稿，我们首先该思考的是，辛东彬作为一个大集团的负责人，他会真的公开发表仇中言论吗？我们对这件事的真伪是不是应该抱有一种怀疑的态度呢？果然不久，乐天集团就发表了澄清声明，名为《环球新闻眼》的媒体在韩国根本不存在，他们也没有接受过任何关于在华业务的媒体采访。经调查，这起假新闻的源头是一位网友在论坛上发表的原创帖子，并经过一位自称作家的微博网友的转发而被炒热的。试想，如果我们能在刚出新闻的时候就用“点”“线”“面”的方式去看待、思考这个问题，这个微博网友可能就不会转发并炒热这篇文章，大众可能就会带着批判的眼光去看待这个新闻的真实性，那它也就不会成为2017年度的假新闻之一。

著名的“七桥问题”

18世纪初，哥尼斯堡有一条河，河上有两个小岛，有七座桥把两个岛与河岸联系起来。有人提出一个问题：一个步行者怎样才能不重复、不遗漏地一次走完七座桥，最后回到出发点？这就是著名的“七桥问题”。问题提出后，大家对此都很感兴趣，纷纷进行实验，但在很长的一段时间里，这个问题始终不能解决。在理论上，符合问题要求的走法一共有5040种，要将所有的情况都尝试一遍需要非常大的工作量，所以当时的人们向天才数学家欧拉求助。欧拉经过一年的研究，给出了问题的答案。他用点来表示每块陆地，连接两块陆地的桥用线来表示，这样，“七桥问题”就转化为能否画出不重复的七条线的问题了，他就此总结出，要一笔画下来一个图形必须满足两个条件：1. 图形必须是连通的；2. 图中“奇点”的个数是0或2。在“七桥问题”中，4个点全是奇点，所以这个问题是无解的。欧拉对这个问题的阐述也为后来拓扑学的建立奠定了基础。

欧拉不单单解决了这个问题，他还整理思路，总结出一笔画解题的所有规律，为后人再遇到类似问题时的解题思路做出了不可磨灭的贡献。在推理的过程中，我们也要注意总结经验，将问题分类，系统地整理自己的逻辑推理思维。比如，下面这个例子：

有一个村子里的人有红眼睛和蓝眼睛两种，村子里有这样一个说法，如

果一个人能知道自己眼睛的颜色并在晚上自杀的话就会成功升入天堂。这个村子现在只有三个人，分住三处，他们不能用语言告诉对方眼睛的颜色，不能用任何方式提示对方是什么颜色的眼睛，也不能用镜子等一切有反光的事物看到自己的眼睛。时间一天天地过去，他们还是不知道自己眼睛的颜色，直到村子里来了一个外地人，他说："在你们之中至少有一个人的眼睛是红色的。"这三个人听了之后，面对面地坐到晚上才回去睡觉。第二天，他们来到广场坐了一整天。第二天晚上，就有两个人自杀了。第三天，最后一个人知道另外两个人自杀了，于是他当晚也自杀了。请根据以上信息，说出三个人眼睛的颜色。

如果三个人都是红眼睛，每个人面对的都是另外两人的两双红眼睛，推测不出自己眼睛的颜色，所以这个假设不成立。如果他们中有两人是蓝眼睛，一人是红眼睛，红眼睛的人在知道另外两个人都是蓝眼睛的情况下，能推测出自己的眼睛是红色的，就会在当晚自杀。但是没人在当晚自杀，所以三人也不是两个蓝眼睛和一个红眼睛。所以他们是两个红眼睛，一个蓝眼睛，当三人听了外地人的话以后，他们之所以没有人在当晚自杀，是因为就算蓝眼睛的人面对两个红眼睛的人，他也不知道红眼睛的人有几个，推测不出自己眼睛的颜色，所以未自杀；而两个红眼睛的人面对的是一双蓝眼睛和一双红眼睛，他也不知道自己眼睛的颜色，所以也未自杀。第二天，两个红眼睛的人看到对方还没死，就推理出对方未自杀的原因是还不知道他自己眼睛的颜色，那就说明自己也是红眼睛的。因为如果自己的眼睛是蓝色的，那么三人中就有两人是蓝眼睛，而第三个人在听了外地人的话以后可以很容易地推测出自己是红眼睛。所以第二天，红眼睛的两人知道了自己眼睛的颜色，自杀了。第三天，蓝眼睛的人知道他们自杀以后，知道了自己眼睛是蓝色的，也自杀了。因为如果他也是红眼睛的话，那两个人是推测不出他们眼睛颜色的，便不会自杀。

这是一个经典的案例，下面我们来看一道和这道题有异曲同工之妙的IBM 面试题，看看大家有没有从上面的题中总结经验并且学会灵活应用：

村子里有 50 个人，每人有一条狗。在这 50 条狗中有病狗（这种病不会传染），人们想要找出病狗。每个人可以观察其他的 49 条狗，以判断它们是否生病，只有自己的狗不能看。观察后所得到的结果不能交流，也不能通知病狗的主人。一旦主人推算出自己家的狗是病狗，那么就要枪毙自己的狗，而且每个人只有枪毙自己狗的权利，没有权利打死其他人的狗。第一天和第二天都没有枪响。到了第三天传来一阵枪声，请问有几条病狗？

如果有 1 条病狗，病狗的主人会看到其他狗都没有病，那么就知道自己的狗有病，所以第一天就会有枪响。而第一天没有枪响，说明病狗数大于 1。如果有 2 条病狗，病狗的主人会看到 1 条病狗，因为第一天没有听到枪响，病狗数大于 1，所以病狗的主人会知道自己的狗是病狗，因而第二天会有枪响。既然第二天也没有枪响，说明病狗数大于 2。由此推理，第三天有枪响，所以有 3 条病狗。

“七桥问题”带给我们的启迪是，不仅要学会“一分为二”、具体问题具体分析，也要学会“抽象”地思考问题。从复杂的问题中找到同类型问题的规律，再次遇到这种问题的时候就要拿出以往的经验看看新的问题是否适用，如果适用，便能快速又准确地解决问题了。

由繁就简的智慧

古人云：“大道至简。”可是现在社会纷繁复杂，很多简单的事情也被复杂化了，那么我们就需要有由繁就简、化繁为简的智慧，一旦拥有这种智慧，你自然就会进入自己都意想不到的一个广阔世界。记得爱迪生在发明白炽灯时，想要知道一种灯泡的容积，但由于手上的工作太多，他便让他的助手帮他量一下，过了很长时间，爱迪生已经把工作都做完了，但助手还没有把灯泡容积的数据送过来。于是他来到助手的实验室，看见助手正在桌子旁忙碌地演算着，便问他在干什么。助手回答：“我刚才用软尺测量了灯泡的周长、斜度，现在正用公式计算容积呢。”爱迪生笑了笑，对助手说：“你可以用更简单的方法。”说着，他在灯泡里注满了水，然后交给助手说：“你把灯泡里的水倒在量杯里，这样就可以知道灯泡的容积了。”

简单的东西往往是最有力量的。古往今来，那些真正健康长寿的人，那些给社会留下精神财富的人，大多生活简朴，思想单纯。智者的简单，并非因为贫乏，而是因为他们将所有的注意力都放在自己的事业上；至于那些想法很多，在许多方面都一试身手的人，往往一生碌碌无为。

普林斯顿大学教授马文·布莱斯勒曾经说："想知道是什么把那些产生重大影响的人和其他那些与他们同样聪明的人区别开的吗？是刺猬。"无论敌人想用什么办法去抓刺猬，刺猬都会缩成一个圆球，身上的尖刺指向四面八方。不管外界如何变化，刺猬都会把所有的挑战压缩成简单的举动，这种以不变应万变的刺猬哲学值得我们学习。

化繁为简的思考方式不仅我们普通人要学习，大侦探在推理的过程中也会用到，如这个案例：

在一个集市上，有一个卖西红柿的摊位和一个卖鸡蛋的摊位。卖西红柿的从卖鸡蛋的那里买鸡蛋，卖鸡蛋的从卖西红柿的那里买西红柿，两人购买的重量正好相等，由于两人关系不错，所以从没有当面称过对方的东西，但是每次卖西红柿的回家之后总要称一下鸡蛋的重量。慢慢地，他发现鸡蛋的分量越来越不足了。最后卖西红柿的和卖鸡蛋的很生气地说了这件事，但卖鸡蛋的坚称自己给的分量肯定不少，结果两人争执不下，闹上了县衙。县官问卖鸡蛋的："你每次都会称给他鸡蛋吗？"卖鸡蛋的说："当然，而且我的秤绝对准确。"县官问道："你怎么证明你给他的鸡蛋一点也不少呢？"卖鸡蛋的说了自己称鸡蛋的方式，县官听后立刻判他没有缺斤少两。他到底是用什么方式称的鸡蛋呢？

这道推理题看起来复杂，但是答案其实很简单，就是卖鸡蛋的说："每次我卖给他的鸡蛋和我买他的西红柿都是等重的，我都是用自己的秤称完西红柿再用自己的秤称同样重量的鸡蛋给他。"如果没有好的思维方式，只是发散性地乱猜，肯定猜不出来，但如果有化繁为简的意识，看似繁杂无章、毫无头绪、毫无规律的事物，照样可以找出规律和真相。推理断案如是，日常生活亦如是。

化繁为简也成了一种很时尚的现代人的生活方式，用流行的话叫作"断舍离”。以前我们说断舍离是指断绝不需要的东西，舍弃多余的废物，脱离对物品的执着，但是现在，大家不只是对实物断舍离，对许多虚拟物品——电脑里零碎的文件资料、微信上收藏的公众号文章、相册里数千张自拍照等，也需要断舍离。在我们的生活里，这些虚拟物品越积越多。有一部分人可能会考虑诸如“舍不得，满满的都是回忆”“以后万一用得到呢”，但我们所看到的大趋势是，越来越多的人在毫不犹豫地清理身边看得见摸得着或看得见摸不着的废品，甚至是精神和心理上的垃圾。简约生活变成了新的风向标，不能不说这是社会进步和人类智慧向前发展的产物。

学会把复杂的问题简单化是一种大智慧，是深入后的浅出，是滤除沙石后的黄金，是对社会和人生的洞察与凝练。古人也说：“治大国犹如烹小鲜。”这凸显了社会治理的简单化智慧。简单的过程是一个觉醒的过程，简单使人安静，安静使人专注，而专注是生命不断走向高处的发动机。

第二节
成功揭露事物本质的案例

窗帘破案

警察局接到一家工厂的报警电话，称保险箱被盗，丢失了30万元现金。警察接到报案，第一时间赶往现场，发现窗户上的玻璃都被打碎了，碎得满地都是。看样子小偷是先打碎窗户上的玻璃，然后跳窗进来的。

报案的是当晚在工厂值夜班的保安，他对警察说："小偷一定是凌晨来的，我在一点钟的时候还来巡视过呢，当时还没有任何异常。"警察追问道："你确定吗？"保安怕警察们不相信，回答说："当然了，我还顺手拉上了窗帘呢。"警察继续问："难道你没有听到玻璃被砸碎的声音吗？"保安回答说："没有，这里离飞机场很近，常有飞机经过，小偷可能是趁飞机经过的时候打碎玻璃的，所以我没听到。"警察听了保安的回答后，立即认定他在说谎。这到底是因为什么呢？

第一，因为玻璃碎得满地都是，所以保安听不到玻璃被打碎的声音的可能性很小；第二，关键性的证据是保安说在小偷来之前，他已经拉上了窗帘，但是警察来之后看到的场景是满地都是碎玻璃，如果保安说的是真的，那么小偷在打碎玻璃的时候，碎玻璃应该会被窗帘挡住，不应该散落满地。所以保安在说谎。

乔治巧脱身

放暑假期间，乔治坐火车回家，因为感冒嗓子疼，所以乔治一路上不停地喝水。到了晚上，大部分的乘客已经睡觉了，乔治因为喝了太多水，所以不停地去厕所。

一次，他到厕所的时候，正要关门，突然一个女人跟进来并且把厕所门快速锁上了。“把身上值钱的东西都给我，否则我就喊人了，说你要非礼我。”乔治愣住了，他傻傻地看着女人，脑子却在飞速运转，他在想脱身的办法，但是在这样的地方，如果没有证据，很难证明自己的清白，女人也是看中了这一点才选择在这种时候下手的。乔治因为嗓子疼，所以他“啊”了两声，女人不耐烦地说:“啊什么啊？ 你是哑巴啊？”

乔治受到女人这句话的提醒，想出了一个能得到无罪证据的办法，最终抓住女人并交给了列车长。乔治是用什么办法脱身的呢？

重点是乔治需要让女人自己把犯罪的证据写下来，但是在什么情况下女人才会写下证据呢？ 聪明的乔治装成聋哑人，女人对他说话时，他指着自己的耳朵和嘴，示意他自己既听不到也不会说话。女人仍然不放弃，对乔治拼命打手势，乔治始终装作不明白，然后拿出纸和笔示意女人把要说的话写下来，果然女人上了当，在纸上写下:“把你贵重的东西都给我，不然我就喊人，说你要非礼我。”写完后，乔治收起了这张纸，把女人抓住并交给了列车长。

勒索不成反被杀

木村美代看着自己手里装有氰化钾的胶囊，这是在姐姐姐夫经营的药店里偷来的剧毒药品。一年前，美代是一名演员，因经不住诱惑，怀了导

演的孩子，之后做了流产手术。从那之后，有个男人就用她的病历一直来威胁她，也不知道他是从哪里找到的病历，可以肯定的是他影印了很多份，会无休止地勒索美代，这次美代终于下定决心要在约定好的交钱地点毒死他。今天下午，光丘公寓302号房就是他的坟墓。

三浦龙平是一名网球运动员，某天清晨开车肇事逃逸的罪证不知怎么也被这个男人掌握了，这个男人要龙平今天下午去光丘公寓302号房交封口费。龙平暗暗攥紧了手中的氰化钾。

堤江子是因为高中时的偷盗行为而遭到了勒索，她用纸包着两年前表哥自杀时用的氰化钾，也想下午去光丘公寓302号房永远地解决掉麻烦。

第二天的早报上刊登了一则记者赤井良死在光丘公寓302号房的消息，死因是氰化钾中毒。房间里开着冷气机，窗户也被敞开着。当天下午，这个房间在两点半到三点半之间曾停过电。

木村美代看到这个消息之后想：我乘电梯下到一楼时刚好停了电，再晚一步我就会被关在电梯里。顺顺利利干完事，真痛快。三浦龙平想：活该，终于清净了，当时怕遇见人太麻烦就没坐电梯，从楼梯上去的，可偏偏在楼梯里还是遇到了一名主妇，还好我戴着墨镜，应该不会被认出来吧。堤江子读了几遍消息后想，在去公寓的路上，看到附近停着巡逻车，我以为发生什么事了呢，原来是卡车事故造成的停电。进公寓时倒是碰见了几个路人，不过我戴了假发和墨镜，应该不会有人认出我吧。

到底是谁杀了勒索记者呢？

案例分析

凶手是在停电时作案的，因为停电时，冷风机停止工作，室内很热，所以被害者打开了窗户。如果供电恢复后被害者还活着，冷风机又开始工作，那他自己就会关上窗户。停电时到过现场的只有三浦龙平和堤江子。氰化钾需要密封保存，要是长时间和空气接触，毒性会降低。堤江子拿的是两年前的氰化甲，用纸包着并不密封，毒性很弱，所以凶手是三浦龙平。

血迹辨别

一天下午，在美国的亚利桑那州当地警察的协助下，探长路易斯和其助手肯特在森林公路中段截获了一辆走私冲锋枪的卡车。经过一场激烈的枪战，四名恐怖分子中有三名被当场抓获，但走私首脑吉姆被路易斯探长打中右腿后逃往树林深处。

探长命令当地警察立刻押送被擒恐怖分子前往警署，自己和肯特深入树林继续追捕吉姆。两人沿着血迹仔细搜查时，从不远处突然传来一声枪响和一阵动物急促的奔跑声，看来是猎人在捕猎。当路易斯和肯特追到一处较为宽敞的岔路口时，发现地上的血迹变成两行分道而去，看来，刚才猎人打伤了动物，它在逃走时选择了一段和吉姆有重叠的逃跑路线。

肯特开始发愁，不知怎样分辨哪些是逃犯的血迹，哪些是动物的血迹。但是路易斯探长却用一个简单的方法鉴别出了逃犯的血迹，最终将他捉拿归案。路易斯探长是怎样辨别出逃犯的血迹的呢？

案例分析

辨别方法看似复杂，实则很简单，人体血液中的含盐量远远超过动物血液中的含盐量，路易斯用舌头分别尝了一下两行血迹的味道即辨别出哪边是吉姆的血。

羊的伪装

在海登神父的教区，有一个叫韦伯的农夫。他的妻子和孩子都过世了，于是他开始心灰意冷，想自杀去陪他们。但是基督教禁止自杀，如果选择自杀就不能和妻子合葬，所以他想伪装成他杀。

一天，韦伯在自家院子里自杀了，小型手枪很巧妙地被隐藏了起来。尸体旁边没有凶器，警察理所当然地认为是他杀。经过仔细搜查，在离韦伯

尸体约 10 米远的羊圈中发现了那支手枪。可是，韦伯是用手枪射击自己头部自杀的。他不可能在开枪之后再把手枪藏到 10 米外的羊圈里。巧妙隐藏凶器使韦伯如愿以偿地被断定是他杀。海登神父一眼就看出了韦伯的小伎俩，但是他没有拆穿，还是让韦伯和其妻子葬在了一起。

羊圈的门没有被打开，羊不会出来把枪叼进羊圈，那么韦伯是用什么办法将手枪藏到羊圈中的呢？

案例分析

韦伯自杀前，给小手枪上绑了一条长纸条，纸条的一端喂给羊吃，然后自杀身亡。因为韦伯一天没给羊吃东西，并且羊喜欢吃纸条，所以手枪随即被拉进羊圈。

刺入左眼的毒针

昨天半夜，科学研究院发生了一件可怕的事情，学生维克多死在了最高的观星塔的平台上，身上无明显外伤。经仔细检查，维克多的左眼被一根长约 3 厘米的毒针刺过。在他的尸体旁边有一根沾满血迹的针。维克多应该是自己把刺进眼里的毒针拔出来后才死亡的。

观星塔是个独立单位，下面的大门是被锁着的，没有钥匙绝对打不开，也没有被撬动过的痕迹，所以凶手不是从大门进去的。平台的位置在四楼的南侧，旁边还有一条河。从平台到对面楼的距离有 40 米，昨夜还刮着风，即使凶手从对面楼把毒针发射过来，也不可能就那么准地打中维克多的左眼。科学院院长和同学们都不相信平日里乐观坚强的维克多会自杀。院长调查了和维克多最亲近的几位同学，发现维克多是富商之子，他还有一位同父异母的弟弟。今年夏天，维克多的父亲病故，维克多本打算把自己那份遗产全捐给科学院，但是维克多的弟弟不同意，要求他必须停止这种行为，不然就对他提起诉讼，撤销他的继承权。

“发生案件的前一天，维克多的弟弟寄来了一个小包裹，说不定凶手是为了偷取那个小包裹才对维克多下手的呢。”院里的清洁工对院长说了上面的话。院长听了，立刻找到警方商讨案件真相。他说自己心里已经有了一种推测，但是没有证据，希望警方对观星塔下面的河进行打捞，寻找证据。

到底谁才是杀害维克多的凶手呢？ 院长又是怎样推理的呢？

案例分析

警方在打捞证据的时候，捞上来一个望远镜。院长的推测是，这个望远镜就是维克多的弟弟寄来的包裹。他弟弟在这个望远镜的镜筒里装上毒针，当维克多把望远镜放在眼前并用手转动镜筒中央的螺丝来调整镜头焦点的时候，藏在镜筒里的毒针受到弹簧的反弹力便跳了出来，正巧刺进维克多的左眼里，于是维克多惊慌失措中把手里的望远镜扔进了河里。虽然他拔掉了左眼里的毒针，可还是被侵入体内的毒给杀死了。

新郎去哪儿了

亨利和艾琳在港口的教会举行了结婚仪式，然后就去码头准备度蜜月了。因为他们是闪婚，所以婚礼上只有一位神父在场，连护照上艾琳的旧姓也没改，两人就登上了即将起航的一艘观光船。丈夫亨利对这艘船似乎很熟悉，他径直带着艾琳来到一间写着“C13”的客舱安顿下来。“艾琳，如果带着贵重物品，还是将其寄存在事务长那里安全一些。”亨利提醒道。“这是3万美元，我的全部财产。”艾琳将这笔巨款交给了丈夫，请他送到事务长那里保存。

可是，等了很长时间也不见丈夫回来，船已经发动了，艾琳到甲板上寻找丈夫，可是怎么也找不到，她认为丈夫可能走错路了，就准备回到房间去等待，但她在船舱里迷了路，怎么也找不到C13号客舱，只好向路过的侍者打听。“从来没有C13号客舱那种不吉利的号码呀。”侍者回答。艾琳说：“可是我丈夫的确是用亨利夫妇的名字预定的C13号客舱啊，我们刚

刚把行李放在了那间客舱里。”她请侍者帮忙查一下乘客登记本，发现预约房间是用艾琳的旧姓办理的手续，是“C16”号房间，房间里只有艾琳一个人的行李，登记本上并没有亨利的名字，事务长也说没有人寄存过3万元现金。

艾琳大惊失色，她想在上船时接待过他们的船员可能会记得她丈夫的事情，就向他们询问，但是那名船员说：“您是开船前最后上船的乘客，所以我们印象很深，当时没有别的乘客，我发誓只有您一个。”船员的认真表情不像是在说谎。艾琳彻底慌了，晚上翻来覆去睡不着的她接到一个奇怪的电话，她被叫到甲板上，差点被推到海里去。

她的丈夫亨利到底去哪儿了呢？

亨利是怎么消失的呢？船员说艾琳上船时只有她一个人，但是亨利当时的确是和她在一起的，只能说明亨利不是乘客，其实就是船上的人，这也就解释了亨利对船很熟悉的原因，因为他是船上的水手，所以他想在客房号上动手脚是轻而易举的。在码头上，亨利和艾琳一起上船时，船员以为上岸的水手回来了，怎么也想不到水手是艾琳的新郎，所以船员说了那样一番话。

亨利其实是个骗婚的，也是这艘船上的水手，当天晚上打电话约艾琳到甲板上，想把她推下海的人也是他，他做的这一切都是为了骗取艾琳的3万美元。

失窃的豪宅

富豪从公司回到家，发现丢了贵重的东西，他立刻叫来自己的管家和看门人询问。管家说，上午的时候我亲自收拾过房间，直到出去买东西之前，房子里肯定是安全的，我也是刚刚才回到家，保证没有一个外人进来过。

管家接着说，先生，我走的时候一切都好好的，连窗户都关得很严，您可不能怀疑我，您看，鱼缸被打碎后流出的水都没干呢，小偷应该是刚刚才走的。

富豪看到暴晒在阳光下被打碎的鱼缸，还有地上的一摊水，他把死去的金鱼拿了起来，感觉金鱼的身体很凉，于是说："我已经知道谁是小偷了。"

到底谁是小偷呢?

案例分析

小偷巧妙地制造了自己不在场的证明。在太阳的暴晒下，水会蒸发得很快，如果小偷把准备好的冰块放在鱼缸里，再故意打破鱼缸，水就可以延长蒸发的时间，让别人以为小偷刚走，因为冰块被晒化也需要一定时间。但是挨着地板一侧的金鱼身体是阳光无法直接照射到的，所以金鱼那一侧的身体摸上去还是凉的。而这一切只有管家才能做到，于是他就是小偷。

邦妮丢了钱包

福瑞德侦探和自己的助手正在街上走着，突然听到不远处的胡同里有女人在喊"救命"，他们立刻循着声音过去，看到有个女人正捂着脑袋坐在地上。福瑞德问女人发生了什么事，她回答说，她叫邦妮，是一家游戏厅的前台员，她每天都会从这条小路去银行存钱，今天她在拐进胡同的时候，听到身后有脚步声，想回头看的时候，后脑勺挨了一下，就倒在地上了。抢匪没有继续打她，只是抢走了她的包。邦妮看到了绑匪的背影，他是个中等身材，穿着牛仔短裤和黑色开襟上衣的男人。

福瑞德侦探和他的助手在附近找到了两个与邦妮的描述很像的人。其中一个神色慌张，被他们拦下的时候曾试图逃跑，他说："你们拦着我干吗?我的午休时间要结束了，我快要迟到了，别挡路。"他在游戏厅隔壁的奶茶店工作。另一个是衣衫褴褛的拾荒者，他说："这件开襟上衣是我从垃圾堆里刚刚捡到的，这个钱包也是，银行后面的垃圾堆里经常可以找到这种东

西，但里面没有钱，不信你们可以搜我的身。”

福瑞德侦探的助手被搞糊涂了，到底谁才是抢劫的那个人呢？福瑞德却不慌不忙，他已经知道真相了。

案例分析

福瑞德侦探发现这种上衣从背面是无法看出是开襟还是套头的，所以邦妮声称在背面看出抢匪穿的开襟上衣是在说谎。她这样说的目的是想将游戏厅的营业额据为己有，她才是真正的犯罪嫌疑人。

第三章

福尔摩斯学徒法：

分析综合：加强知识联系，系统解决问题

第一节

福尔摩斯告诉你，如何提高问题的解决能力

谁说感性思维不重要

人类社会中，一直存在着两种思维模式：感性思维和理性思维。理性思维为我们带来了科学和现代化的种种便利，因此，有些人认为理性思维要优于感性思维。从某种意义上来说，这是无可厚非的。但要是说只有理性思维才能推动社会的发展、促进科学的进步，而感性思维不可能对社会有所裨益，就有失偏颇了。

理性思维主要表现为抽象或逻辑的思维，包括归纳和演绎的两种思维。它建立在事实基础上，通过观察、实验、调查、统计、分析等方法来揭示事物的普遍规律，抽象出事物的一般原理。所以，理性思维是一种建立在证据和逻辑推理基础上的客观的思维方式，也是建立在严密逻辑基础上的一种思维方式。具有理性思维的人，能运用逻辑手段、程序和方法认识事物。理性思维只关心可以证伪并可以不断排除错误的概念，通过科学定律和严密的逻辑推理，可以得出令人信服的结论。随着科学的进步，通过定量的模型，我们可以对客观世界进行越来越精确的抽象描述。

与理性思维相比，感性思维无法证伪，缺乏连续性和确定性的规则，过于依赖人的主观感受，但是在我们的生活中，有一门与我们密不可分的学问就是感性的艺术——语言。

大家都会听话说话、读书写字，有许多人掌握了不止一种语言，语言满足所有感性思维的特点，无法用理性的思维去解释。有人用理性的思维、科学的方法创造了一门语言，称其为“世界语”，但没有多少人会真正使用它，因为使用语言的目的是交流，这本身就是一种感性行为，而我们用

理性的方法创造出来的世界语没有任何感情。如果说在学习语言的过程中我们可以成长，那么感性思维可以说在我们成长的过程中起了至关重要的作用。例如，识字（或背外语单词）时，为什么这个字这样写，为什么那个单词那样拼，往往没有什么道理可讲，我们只能死记硬背，但是识字不仅仅是做到会写就行了，而是要把字与我们切身的感受联系起来。如通过“唱歌”这个词，我们联想到的是人在唱歌时的动作和声音，还有我们听到音乐时的感受，而不是它的定义：“以抑扬顿挫有节奏的音调发出美妙的声音，给人以享受。”这就是感性思维了。另外，在学习英语的过程中，老师让我们养成语感，在经过背单词、记语法、组词造句、多听多练几步之后，我们会掌握语感，说出来的词句就是正确的，这种现象怎么用理性思维来解释，恐怕我们谁也说不清。但是不可否认的是，我们每个人对于自己经常使用的语言都有正确的语感，虽然无法科学地解释，但它是确确实实存在的。在其他感性思维的学问中也存在相关的“语感”，不过叫法不同，音乐的语感叫乐感，美术的语感叫美感。再进一步看，会发现这些学问也都可以看作一种语言，因为它们都是艺术家和观众、听众的沟通方式，而这些都是感性思维的功劳。试想，人类如果没有感性思维，那大文豪、传奇音乐人、天才画家都将不复存在，甚至我们最基本的情绪以及亲情、爱情、友情都会被冷冰冰的数字、公式和原理代替。

人类的思维活动起源于感觉，是由感觉驱动的。感觉信号经过层层转化，成为神经活动兴奋发放的源泉，因此感觉有自动、自发性。人类感性思维发展活动的进化历程源远流长，正因如此，人类的感性思维才如此发达。

感性思维和理性思维就像是人的两条腿，两者互相依存又互相克制，少了哪方面都不能构成完整的思维活动。感性思维是基础，是理性思维成长的肥沃土壤。人类认识世界，需要通过感觉汲取营养，需要思维机制进行塑造运演，然后人脑将对客观世界的认识转化为理性结构的表达，这种表达可以通过文字等媒介流传下去，成为人类共同的知识，就这样，积累的知识使整个文明发生根本性的变化，我们得到的知识远远超过了个人生命阶段能够获得的经验知识，一个文明时代因此而产生。所以，感性思维和理性思维一样重要。

射人先射马，擒贼先擒王

唐代大诗人杜甫在《前出塞》中有这样的描述：“挽弓当挽强，用箭当用长。射人先射马，擒贼先擒王。”意思是说作战的时候要先除敌之首恶；用弓箭的时候要用强劲有力的弓和长的箭；射人的时候要先射他的马，马摔倒了，人就算不投降也会失去攻击能力。作战时要是抓住了对方的首领，敌人就算不失败也溃不成军了。做事要抓关键，集中力量解决主要矛盾，其他问题就迎刃而解了。

里根总统年轻时，在广播电台担任过运动播报员。受当时技术的限制，播报员仅能靠球场传来的电报信息了解赛事，主要靠想象力讲解现场情况。里根做了五年播报员，把所有赛事都讲解得很精彩。在一场比赛中，发报机突然发生故障，他也流畅地播报了比赛进程，直到机器重新修好。有位同行好奇地问：“信息都中断了，你是怎么播报赛事的呢？”里根笑着说：“大多数人在听赛事时只关注比分，对中间的过程其实并不太在意，所以我让助手随时了解赛场的比分变化，然后发挥想象力，随口播报有人传球失误，有人又射门偏了等，这样大家既能实时了解比分，也不会觉得枯燥无聊。”解决问题要善于抓住主要方面，就如里根总统所做的，只要把主要问题解决了，其他的小问题或者类似的问题就会随之而解，那些所谓的难题也就不存在了。

20世纪70年代，日本索尼公司为把品牌打入美国市场而绞尽脑汁，在当时的美国人看来，索尼彩电是受人歧视的杂牌货。为此，索尼公司国外部部长卯木肇先生费尽心机，他选了芝加哥当地最大的电器推销商——马希利公司作为主要进攻对象，却一连吃了三次闭门羹。第四次，经理终于同意见面，却说：“我们不卖索尼的产品，你们的产品像瘪了气的足球，踢来踢去没人要。”他以索尼公司在当地形象不佳，知名度不够高，不受消费者欢迎，售后服务太差，只能降价拍卖等难听的话来拒绝销售索尼的产品。但是卯木肇先生没有放弃，他在当地报刊上重新刊登广告，重塑产品形象，设立特约服务部，并在报纸上公布特约服务部的地址和电话，保证随叫随

到，最终马希利公司的经理被说动了，勉强同意进两台试试。出乎意料的是，当天下午四点，两台彩电就已经售出，于是马希利公司又订购了两台。当月，共卖出了700多台日本索尼彩电。有了这个先河，芝加哥地区的100多家商店也纷纷要求经销索尼彩电，不到3年，索尼彩电在芝加哥的市场占有率已达到30%，与此同时，美国其他城市的销路也随之打开。索尼人在遇到开拓海外市场的难题时，抓住了主要矛盾，当地最大的推销商就是这场没有硝烟的战争中对手的王，卯木肇擒住了王，其他的士兵也就不战而降了。

抓主要矛盾是我们经常需要用到的一种逻辑思维方式，如果能掌握好这种思维方式，工作会事半功倍，生活会顺顺利利。因为所有事情都要围绕一个中心而展开，如果没有中心目标这个坚定的思路，是很难成功的。要善于抓住中心和原理，才能在这变化万千的世界中处于不败之地。

“坏小孩”定理

“坏小孩”定理，也称贝克尔定理，是经济学家贝克尔在分析利己主义和利他主义的基础上提出来的。所谓的“坏小孩”定理，意味着为人父母者对子女都具有“利他心”，都会为子女的利益和幸福着想。为人子女者却往往有“自私自利”者，贝克尔就称这些只具“利己心”却没有“利他心”的子女为“坏小孩”。这些“坏小孩”虽然没有“利他心”，但是为了从父母那儿得到和其他孩子一样多的好处，往往会装得像其他小孩一样具有“利他心”，因为家庭总所得的增加对他们也有利。

在福尔摩斯的推理故事中，狡猾的凶手们也像“坏小孩”一样隐藏起“利己心”，我们要用一双慧眼去识破他们的伪装，抽丝剥茧地找出事情真相。在《绿玉皇冠案》中，伦敦第二大银行的主要合伙人——亚历山大·霍尔德在保管客户抵押的皇冠时，皇冠上的三颗宝石被人偷走，霍尔德心急如焚，找福尔摩斯帮忙破案。他给福尔摩斯提供的线索是看到儿子半夜拿着王冠，而且儿子放浪不羁，嗜赌成性。在随后的调查中，警方逮捕了霍尔德的儿子，但是福尔摩斯说凶手并不是他的儿子。真正的凶手已将自己很好地伪装起来，所以骗过了大多数人的眼睛。原来霍尔德有一个在他们家生活多年并深受大家喜爱的侄女，因受人引诱，偷了皇冠要和那个人私奔。霍尔德的儿子听到动静，夺回皇冠，但是有三颗宝石在争夺中被那个人抢走。出于想要保护堂妹的绅士风度，他选择不说出真相。

故事中霍尔德的侄女就是只有“利己心”，没有“利他心”的“坏小孩”，她只想偷了皇冠和别人私奔，而不考虑霍尔德先生失去了带宝石的皇冠该怎么办。我们在推理的时候，要谨防案件中像“坏小孩”一样将自己隐藏起来的人物，要从蛛丝马迹中找到他们的破绽。

有三个人——A、B和C被困在孤岛的一座小房子里，他们无法和外界取得联系，食物严重短缺。第二天早上，当A去叫醒C的时候，发现C已经倒在血泊中身亡了。C左手拿枪，左脑有一个弹孔，有烧焦的痕迹。A看到这一幕，赶快到B的房间，说：“C在自己的房间自杀了！”B听后非常震惊：“什么？他自杀了？”“是的，他结束了自己年轻的生命。”B看到A伤心的样子，安慰道：“唉，兄弟，节哀顺变吧，既然他自己选择了这条路，就让他安心地去吧。当然，并不是每个人都像他那样有勇气往自己的脑袋上开一枪的，他是我们心中的英雄。”请问C是自杀的吗？

这个例子中C表面上看是自杀的，其实是因为凶手把自己很好地隐藏起来了。仔细看的话可以发现，B在没有查看C的死状时就说出了C是脑袋中枪而亡。B是怎么知道的呢？只有一个解释，就是C不是自杀的，是B杀了他，然后把枪放在C的手里伪装成他自杀的样子以逃脱罪责。B就是一个典型的“坏小孩”，他听到C自杀的消息，故作震惊隐藏自己就是凶手的事实。不过百密一疏，他说漏了嘴，最终还是被我们发现了破绽。

没有一个犯罪案件是没有破绽的，再完美的犯罪企划也能找到疏漏，无论是“坏小孩”式的伪装法，还是“高明”地抹掉所有犯罪线索的行为，只要我们擦亮眼睛仔细思考，再学会这些推理方法，就一定能找到凶手，还原真相。

CCA——哥白尼式的革命

原因—后果分析（CCA）的优点是从两个方面展开，向前的是事件的结果，向后的是事件的基本原因。

福尔摩斯在《五个桔核》中也说过："对于一个理想的推理家来说，一旦有人向他指明一个事实的一个方面以后，他就不仅能从这一个方面推断出导致这个事实发生的各个方面，而且能够推断出由此产生的一切后果。"在分析一个案件的时候，顺向推导，可以找到这件事发生以后对谁最有利；逆向推导，可以找到凶手这样做的动机。在真正操作的过程中，我们要结合顺向推导和逆向推导，双管齐下，如下面这个经典的侏儒自杀事件：

在马戏团中有两个侏儒，其中一个是盲人。马戏团的效益不太好，所以团长决定裁员，他对两个侏儒说，谁更高谁就会被裁掉。所以两个侏儒就约好要在某天比比谁更矮，那个个子更高的就去自杀，但是在比个子的前一天，原本个子比较矮的盲人侏儒却在家里自杀了，地上还有一些残留的木屑。本来可以得到职位的盲人侏儒为什么要自杀呢？

我们运用原因—后果分析法，首先，用顺向推导的话可以思考，盲人侏儒死了的话对谁最有利呢？当然是另一个侏儒。因为盲人侏儒死了，另一个侏儒就可以得到马戏团的职位了。再逆向推导，现场的木屑是锯木头过程中所得，盲人是肯定不会去锯木头的，那么这木头是谁锯的？又为什么要去锯木头？而锯木头的原因很可能和盲人自杀的原因是存在一定的关联的。再看一下两人的约定，个子高的就自杀，盲人不可能在一夜之间长高，但是如果有人把家具腿锯掉使家具变矮，那么盲人就会以为自己变高了，所以他自杀了。从受益的角度来说，凶手就是另一个侏儒。

还有下面这个案例：

小孙嗜赌成性，欠下了不少赌债，有一天晚上，小孙在家里听到门铃声，开门一看，是自己一直在躲的债主大吴，大吴一把推开了小孙往里走，他一边走一边说："小日子过得挺滋润啊，你准备什么时候还钱啊？"小孙赶快笑脸相赔，回答说："明天，明天我一定还钱。来来来，咱俩这么久都没见了，喝一杯吧。"说着，他从冰箱里拿出一瓶啤酒，趁着大吴不注意的时候狠狠地砸向了大吴的脑袋将其杀死，并将大吴的尸体扔到了郊区，然后回家彻彻底底地打扫了一遍，地板、桌子、椅子甚至是门把手都没放过，直到他认为再也没有大吴的踪迹才放心地去睡觉。可是第二天早上，小孙刚起床就听到敲门声，一看是警察。警察问小孙："我们刚刚在郊外发现了大吴的尸体，他口袋里有写着你家地址的一个火柴盒，他昨晚是不是来过你这儿？"小孙急忙否认，警察却指着一个地方说："他不仅来过，还留下了指纹。"小孙一看，当时就瘫倒在地。大吴的指纹留在了什么地方呢？

警察在调查这个案子的时候也可以采取原因—后果分析法，大吴死了对谁最有利？经过调查很容易知道，小孙欠大吴的钱但是没有经济能力偿还，如果大吴死了，小孙就不用还钱了，所以小孙是有嫌疑的。大吴的口袋里有小孙家的地址，说明大吴很可能来过小孙家，但是小孙却极力否认，那么从哪能找到证据呢？地板和桌椅都已经被擦干净了，但是再仔细看一遍描述会发现，大吴到小孙家的时候是按的门铃，而警察是敲的门，警察为什么要这样做呢？就是因为他们在门铃上发现了大吴的指纹，门外的门铃也是小孙唯一忘记清理的地方，结果成了指控小孙的重要证据。

原因—后果分析法是福尔摩斯逻辑分析方法中重要的一种，只要我们掌握这种分析方法，找到事件的前因后果，事件的真相就呼之欲出了。

综合法就是一环套一环

福尔摩斯逻辑推理方法中有一个综合法，有时我们遇到的问题很复杂，可以用一环扣一环的连续推理的方法来找到真相，如下面这个连环推理题：

1. 18 日晚，小明去参加大学同学的婚礼，直到 19 日中午才回家，到 20

日早上，有人发现他死在了隔壁邻居家里。

请问：小明是如何死的？

2. 在一个狂风暴雨的夜晚，小陈下班回到家，他发现有生人闯入，与之进行一番搏斗后，他却扔下伞狂奔出去。第二天，有人在山脚的附近发现了他的尸体。

请问：小陈是如何死的？

3. 小赵带了一把雨伞到山顶上去放羊，下午五点一刻的时候下起了暴雨，大概持续了一个多小时。晚上九点的时候，村里人路过山顶，发现他倒在地上已经断气身亡，手里紧紧地握着雨伞，脸色扭曲得很恐怖。

请问：小赵是如何死的？

4. 18 日，几个年轻人在水库游泳，等到回家的时候却发现少了一个人，村里人以为失踪者溺死在水库里了，立刻派了很多人去打捞，却一无所获。据几个年轻人说，这个人水性很好，应该不会被溺死。

请问：这个人去了哪里？

5. 在拍摄一个战争电影的过程中，男主演没有到场，但是电影拍摄之后，人们却发现镜头里有男主角的身影。三天之后男主角失踪了，再也找不到。

请问：这是怎么回事？

答案就是：小明错入邻居家后睡着了，睡醒后以为自己还在同学家。19 日的晚上下起了雨，小陈回家后看见家里有人，以为是坏人，与其搏斗，误杀小明，而后发现他是小明，于是慌乱中跑出去想求助。他无意间跑到山顶，看见放羊的小赵，于是上前求助，诉说了此事。小赵害怕小陈也杀了自己，于是想用伞捅死小陈，小陈垂死挣扎，掐死了小赵后滚落山腰。某人游泳回家时发现小陈，惊恐之下将小陈拖至山脚准备将其埋葬，却发现剧组来此取景，他急忙将小陈拖到别处（他是电影男主角），后来想溜走时，不小心被拍到了，因害怕被认为是凶手，于是他躲了起来。

要解决这道题，就要综合分析问题，第一问和第二问联合起来一起考虑。小明参加婚礼第二天中午才回家，这么长的时间肯定又累又困，而小陈回家发现生人并与之搏斗，这样就很容易猜想到小明有可能在极度疲倦的情况下走错了邻居的家，在和小陈搏斗的时候被误杀。第二问和第三问一起以及之前推测出的第一问的答案共同作为条件，可以得出结论，小陈因为误杀了小明极度慌张，所以连伞都没拿就跑出去了。小赵面目狰狞地死在山上，说明小赵在死前听到或者见到了非常恐怖的事情，应该是小陈告诉了小赵他杀人的事情，小赵只是一个放羊人，听了一个杀人凶手的表述自然很害怕，在怕自己被杀的情况下先下手要杀小陈，而两人在纠缠打斗的时候，小陈和小赵互把对方杀死了。联系第四问和之前推测出的结果，年轻人失踪应该是自己躲起来的，而他躲起来是因为害怕，害怕的原因必然是自己做了一些亏心事，根据之前小陈被杀死的事情，想到失踪的人可能是在路上偶然遇到了小陈的尸体，怕别人以为自己是凶手，所以想将他埋起来。再看第五问，剧组偶然拍到小陈被人埋尸的场景，埋尸人发现自己被拍，于是不敢出现，躲了起来，他就是电影男主角，也是第四问中的年轻人。

综合法就是把剖析过的事物和现象的各个部分及其特征结合为一个整体概念的思维方法，我们要掌握这种方法，就要整理我们的知识系统，形成知识网络；认识现象与本质的特征，了解总体与局部的关系；加强知识间的联系，建立思维线索。一旦我们掌握了这种综合法，在逻辑推理的过程中就会畅行无阻。

第二节 成功分析解决问题的案例

关键的玫瑰

伊恩居住的公寓房间里只有一扇窗和一道门，而且都在里面反锁上了。警察们小心翼翼地打开门进入房间，看到伊恩倒在床上中弹身亡。今天早上第五大道上的一个卖花小贩打电话报警，说伊恩在每个周末都要到他那买几枝玫瑰，已经十年了，从没间断过，可是这两个星期他都没来买，小贩有点担心他会出事，所以报了警。

初步看来，伊恩是先锁上了门窗，然后坐在床上向自己开了枪。他向自己的左侧倒了下去，手枪掉在了地毯上，在他的裤子口袋里发现了开门的钥匙。

警察查看了伊恩在之前买的玫瑰，它们都装在一个花瓶里，放在狭窄的窗台上，花都枯萎凋谢了。整个地上都铺着地毯，但是地毯上除了一点灰尘外什么都没有，床上溅满了血迹。另外据查验，伊恩已死了 10 天左右。根据这些，警察立刻判断伊恩不是自杀，是他杀，这是为什么呢？

案例分析

过了两个星期，放在窗台上的玫瑰早已经枯萎凋谢，因为窗台很窄，所以凋零的花瓣应该会落在地毯上，而且如果伊恩是自杀，他对准自己的头部开枪，那么血迹也应该溅到地毯上。但是地毯上除了灰尘什么都没有，这就说明有人把房间清理干净了，所以凶手另有其人。

海底凶杀

大西洋海面下 50 米的某处地方，有一个日本的海洋生物研究所，专门研究海豚、鲸鱼等海洋生物的生活习性，那里的水压相当于大气压的 5 倍。研究所里有主任前田和三个助手，分别是唐泽、麻生、中井。

一天午饭后，三个助手穿上潜水衣，分头到海洋中去工作。下午一点半左右，陆地上的长谷川来到研究所，刚一进门，就惊恐地看到满身是血的前田躺在地上，已经断了气。长谷川赶快报了警。警察到现场调查发现，前田是被人枪杀的，作案时间在一点左右。根据分析，凶手就是这三个助手之一。可是三个助手都说自己在十二点四十分左右就离开了研究所。

唐泽说："我离开研究所后游了大约 15 分钟，来到一艘沉船附近，观察一群海豚。"

麻生说："我离开后就游向了地面，到达地面时大约是十二点五十五分，加藤小姐当时在陆地上的办公室，我俩一直在聊天。"

中井说："我和往常一样，到离这里 10 分钟左右路程的海底火山去了。回来时是一点左右，看见唐泽在沉船旁边。"

警察听了三个助手的话后说："你们里面有一个是说谎者，隐瞒了枪杀前田的罪行。"

到底是谁在说谎呢？

研究所在海面下 50 米的地方，这里的水压大约是大气压的 5 倍，在这样的情况下，想要游回地面，必须在中途休息好几次，使身体逐渐适应压力的变化，15 分钟是游不回去的。所以麻生在说谎，他就是枪杀前田的凶手。

画家妻子的丧命之旅

一天，五个人驾车去郊游，开车的是画家，画家的老婆坐在副驾驶的位置，第二排是画家的妹妹和妹妹的男朋友，第三排坐的是画家的朋友饭店老板。车开到了荒郊野外，画家看了看窗外，又看了看后视镜，说了声：好美啊。可当时其他人都不觉得景色美。来到野餐地点之后，画家和饭店老板一起去爬山了。妹妹和她的男友也去了其他地方看风景，只剩下画家的妻子。

画家和饭店老板爬山爬到一半，画家突然觉得呼吸困难，于是饭店老板赶紧搀着画家往回走。回到山下，画家和他的妻子以及饭店老板决定先走，送画家去医院。妻子留下字条，叫妹妹和其男友自己乘车回家，他们三个先走了。由妻子开车来到医院，一切都安顿好之后，他们接到一份电报，说妻子的母亲亡故了。画家让妻子先回娘家帮忙，等自己身体好了再去找她。就这样，妻子自己开着车去娘家，开到一条偏僻的小路上，看见前面停了一辆轿车，由于路很窄，只能容一辆车通过，于是妻子下车询问并请对方把车道让出来。这时车上跳下一个身着黑衣、黑裤，戴着黑头套、黑眼镜的男子，把画家妻子推到了悬崖下面。

几个月后，画家病好了，他和饭店老板约好去散心，地点是他妻子遇害的地方，画家先到了。这时，饭店老板在背后拍了拍画家，画家吓了一跳，回头一看，笑着说：“原来是你啊。”

请问，是谁杀害了画家妻子？

杀害画家妻子的是饭店老板。理由如下：1. 画家看了一眼后视镜，然后说好美，但是当时车上的人都不觉得景色美，如果画家只是看景色，也不用从后视镜里面看，后视镜里能看到的是后排的人，如饭店老板；2. 画家居然和饭店老板一起去看风景，留下妻子一个人，说明画家和妻子的关系

很一般，跟饭店老板的关系不一般；3. 画家病好后，约饭店老板去散心，竟然将地点定在了妻子遇害的地方，两人还在这里开玩笑，更加说明画家对妻子没有什么感情。我们可以就此进行合理推测，画家和饭店老板是恋人，饭店老板杀掉画家妻子其实是情杀，案发当时画家正在住院，行动不便，而饭店老板知道画家的妻子要回娘家奔丧的事情，所以其完全可以埋伏在她的必经之路上。

有效的空白遗嘱

作家布鲁克和插画师马修是好朋友，他们两个都是盲人，布鲁克在病危时曾请马修来做公证人，他要将自己的一半遗产捐给残疾人福利机构。随后，他让自己的妻子拿来纸、笔和个人签章，然后在床头摸索着写完遗嘱，将其装进信封里并亲手密封好，郑重地交给马修。马修接过遗嘱，立即专程送到银行保险箱里保存起来。一个星期后，布鲁克死于癌症。

在布鲁克的葬礼上，马修拿出这份遗嘱交到残疾人福利机构的代表手中。但当代表从信封中拿出遗嘱时，发现里面竟然是一张白纸。马修不能相信也无法接受，布鲁克亲自密封、自己亲手接过并由银行保管的遗嘱竟然会变成一张白纸，这时来参加葬礼的探长却坚持说遗嘱有效。众人都疑惑不解地看着探长。你知道探长是怎么和众人解释的吗？

布鲁克的妻子为了保住财产，故意把没有墨水的钢笔递给布鲁克，因为布鲁克和马修都是盲人，所以他们没有发现遗书是空白的。在葬礼上，虽然遗嘱是白纸，但是钢笔划过纸张的印记还在，如果仔细分辨还是可以看出来的，所以遗嘱是有效的。

划船事件

贝加尔湖是世界上最深的湖泊，透明度也是首屈一指的，从水面能看到水下大概几十米深处。一天早上，人们在贝加尔湖湖面上发现一具漂浮的尸体，一条小船扣在水面上和尸体在一起。看上去像是死者划船游览时被风吹起的波浪打翻了船而造成的死亡。死者是湖北岸某公司的职员。经检测，死亡时间是前一天晚上七点左右。因患有恐高症，他住在宿舍的一楼。

警方猜测他不会游泳，但在向死者的同事了解情况后发现，他经常去游泳馆游泳，所以他可能是船翻掉进水里后发生心脏停搏死去的，因为贝加尔湖的湖水温度非常低。可是警察却说："即使是溺水身亡，也不是偶然事故，而是有人故意为之。"

这是为什么呢？

死者有很严重的恐高症，以至于他只能住在宿舍的一楼，而清澈透明的贝加尔湖水可以看到水下大概几十米深的地方，相当于十多层楼高呢。在湖上划船就感觉像是在十多层高的楼上往下看，死者肯定是不会自己去做这种事的。所以不是意外，而是有人故意制造了这样的场景。

微笑的狮子

佩格是有着六年经验的一名驯兽师，也是马戏团里最优秀的驯兽师。她和动物们建立了深厚的感情，尤其是狮子尼克，只要看见佩格，尼克就很高兴。尼克和佩格在舞台上合作过无数次，每次佩格在演出时把头伸进尼克的嘴里，尼克都很配合，从不弄伤佩格。

但是有一天，当佩格把头伸进它嘴里的时候，尼克露出了一个好像是微笑的表情，然后便一口咬碎了佩格的头。

表演前尼克吃过很多肉，所以不可能是因为饥饿。尼克也并没有处在发情期。于情于理，尼克都不会做出伤害佩格的事情。

到底尼克为什么会咬死佩格呢？在咬之前的微笑又是怎么一回事呢？

这是巧妙利用狮子杀人的一宗事件。凶手事先把一种刺激性很强的药物暗中喷在佩格的头发上，当佩格把头伸进狮子口中时，狮子因药物的刺激而打了个喷嚏，因为狮子的力气太大，嘴一张一合间无意识地咬碎了佩格的头。狮子在咬死佩格之前的微笑实际上是它打喷嚏的表情。

鸡叫杀人

一天中午，一名女佣突然从屋子里跑出来，边跑边喊：“杀人啦，救命啊！”侦探和助手赶到现场查看。死者是房子的男主人，尸体靠在餐厅椅子上，面前有半杯牛奶，现场没有打斗过的痕迹，也没有凶器或者血迹，看来是被凶手收拾过了。

死者死于当天上午十点左右，是被小刀类的尖锐金属刺入心脏而亡。侦探让家里的其他人说说自己在案发时都在干什么。女佣说她在八点左右出了门，然后去礼品店买了点东西，礼品店的店员可以证明。厨师说他七点半把早餐备好，送到餐厅，然后就去买晚宴需要用的食材，因为晚上主人打算办个聚会，市场和海鲜店的人可以为他证明。他大概是十一点五十分到家的。死者妻子说自己是在八点半出的门，去买当天晚宴要用的礼服，十一点半到的家。

经过核实，三个人说的都是真话。但是房子中有健全的警报系统，而且到处都是摄像头，有外人闯入的话会报警，所以凶手还是这三个人中的一个。侦探问三个人有没有遇到奇怪的事情，女佣说要出门时自己似乎听到了鸡叫，但是这周围并没有人养鸡，这儿可是高档住宅区。厨师说每天晚

上自己都会把厨房打扫得干干净净，但是今天中午回来的时候厨房好像有点腥味。

侦探听到这里，已经断定凶手的身份，你猜出来了吗？

三个嫌疑人都有不在场证明，说明凶手设置了一个自己不在现场也可以杀人的装置。杀人前的布置和杀人后收拾现场都需要一定的时间，而三个人中，死者的妻子是最后一个出门，第一个回家的，所以只有她才可能布置机关和收拾残局。女佣说过，走的时候听到了鸡叫，应该就是女主人在试验装置时的声音，可能是把小刀放在了到点就会自动弹出小鸡的钟表里。厨师说回来后闻到了腥味，可能是和小刀的藏匿有关，因为现在找不到凶器了。

女佣和厨师就案件的疑点都提出了自己的看法，更降低了他们的嫌疑。所以凶手就是女主人。

作案手法是先在男主人的牛奶里下安眠药，把闹钟调好，还在弹出的小鸡上绑好小刀，对准男主人的心脏，又从冰箱里拿出一大团肉，放在外面解冻。等回家之后把凶器藏进差不多已解冻的肉里，再放进冰箱速冻，将钟表复位，然后把现场的血迹擦干净。化开的肉在厨房里留下了腥味。

演员被杀事件

海琳娜小姐是名演员，有一天聚会时，艾迪克对海琳娜说：“我仰慕您很久了，可以和您拍张照片吗？”海琳娜答应了。于是在艾迪克的带领下，他们到了室外的树底下拍照。刚要拍照，艾迪克的夫人就过来了，她看到艾迪克和海琳娜小姐的亲密动作，手里的酒杯掉在了地上。就在这时，不知谁突然开枪射在了海琳娜的胸前，海琳娜当场毙命。刚好有位侦探朋友来找海琳娜，看到这样的场景很是惊讶。于是他去二楼，看见了艾迪克的儿子，他天生是个盲人。窗台上有一把枪和一个支架。侦探问道：“是你杀的海琳娜吗？”艾迪克的儿子回答道：“我是个盲人，怎么可能杀她呢？”侦探很果断地说：“我知道凶手是谁了。”

你知道吗？

案例分析

凶手是艾迪克、艾迪克夫人和他们的儿子。枪早已放在了支架上，瞄准了树底下，艾迪克先生负责把海琳娜引导到相应的地点，艾迪克夫人看到海琳娜到了事先计划好的位置就摔杯子，他们的儿子听到杯子摔碎的声音就直接开枪，在侦探上楼之前再把枪从支架上拿下来。

项链之争

一对男女在街上吵了起来，警察看到后问他们是怎么回事，原来是他们在走路的时候不小心撞到了对方，东西散落了一地，其中有一个包装精美的盒子，一看就知道是一条价格不菲的项链，双方都说是自己的项链，于是吵了起来。

女士说：“我今天逛街的时候买的这条项链，在两个小时之前，我去一家会员店做指甲，做完指甲后在附近的商场里顺便逛了逛，就看到了这条项链。我的钱都是教别人弹吉他挣来的，工作辛苦，我想要买条项链犒劳一下自己，想不到你长得斯斯文文，却抢别人的东西。”

男士说：“明天就是我和我妻子结婚三周年的纪念日了，我想买个礼物送给她，正好看到了这条项链，觉得很适合我的妻子，就买了下来。我是名普通的公司职员，平时挣钱很不容易，我不会去抢别人的东西，但也不允许别人抢走我用自己的血汗钱买的礼物。”

警察听完两人的描述，指着其中一个人说：“你在撒谎，项链不是你的。”

警察指的是谁呢？

那位女士说买项链的钱是自己教别人弹吉他挣来的，又说自己刚刚做完美甲，而且是美甲店的会员，说明她经常做美甲。但是弹吉他的人是不能做美甲的，即使做了，也很快就会坏，特别不方便，所以她在说谎，项链是男士的。

有毒的咖啡

雅各布起身倒了一杯白开水，旁边的女同事说："怎么喝起白开水来了，我给你冲杯咖啡吧。""最近有点感冒，我想吃片药，那就麻烦你帮我冲杯咖啡吧。"雅各布边说边从口袋里掏出一个小药瓶。"麻烦帮我也冲一杯咖啡。"说话的是雅各布的邻桌同事——加文，他这么一说，屋里其他人都说也要喝咖啡。女同事只好帮每个人都冲了一杯，另一位女同事也过去帮忙。

加文从女同事冲好的咖啡中拿了两杯，一杯递给了邻桌的雅各布，然后从两人桌子中间的杯子中盛了两勺糖放在自己的杯子里。加文只喝了一口咖啡，就突然咳嗽了起来，咖啡洒到了桌子上。雅各布赶快把自己喝药时剩下的半杯白开水递给加文，加文接过去并喝光了水，但情况不仅没得到缓解，还愈演愈烈，他倒在了地上。雅各布赶快过去扶起加文，但他已经断气了。

警察很快赶到了，现场还保持着案发时的状态。经调查，只有加文的咖啡是有毒的，其他人的咖啡和放糖的杯子里都没有毒。直接接触过咖啡杯的只有泡咖啡的两名女职员，但是很难保证有毒的那杯一定会被加文拿到，而且女职员和加文之间并无过节。但是同桌的雅各布却欠了加文很多钱，不过咖啡是加文拿给雅各布的，雅各布要想不知不觉地在加文的咖啡里下毒是不可能完成的。警长在心里分析了一遍案情，然后吩咐警员将加文洒出来的咖啡拿去化验，化验的结果证实了警长的猜想。

那么，雅各布是怎样毒死加文的呢？

案例分析

加文喝了咖啡之后只是咳嗽，但是喝了雅各布的水却死了，因为起初的咖啡被检测出是有毒的，所以大家理所当然地以为加文是被毒咖啡害死的，忽略了雅各布给加文的那半杯水。警长关注到了这一点，所以让警员去化验桌子上洒出来的咖啡，结果发现洒出来的咖啡没有毒，这说明加文并不是被咖啡毒死的。那加文还喝过的就只剩下雅各布给他的水，雅各布正是将毒下在了水里。为了有机会给加文递水，也为了让大家觉得咖啡是有毒的，雅各布事先将两人桌子中间杯子里的糖偷偷换成了盐，所以加文猛地喝了一口咖啡才会咳嗽起来，之后为了嫁祸给女同事，雅各布又在加文死前所喝的咖啡里下了毒。

第四章

福尔摩斯分类比较法：

分类比较：确定因素异同，走上思维巅峰

第一节
福尔摩斯告诉你，如何进行分类比较

所有金子都是闪光的

所有金子都是闪光的，闪光是金子的共性，但是莎士比亚说："闪光的东西，并不都是金子；动听的语言，并不都是好话。"

闪光的东西，并不都是金子。就是说，很多东西只是表面很像金子，可它没有金子的价值。例如，有很多人非常会说话，给人感觉很有能力，可是真正需要发挥能力的时候，却又发现他们什么都做不好。他们给人金子般的错觉，身上好似闪闪发光，但实际上没有那么大的能力和价值。动听的语言，并不都是好话。好话可以理解为忠言，忠言之所以能被称之为忠言，就是在你认为自己很对但实际是错误的时候，有人从你的利益出发，给你提出了中肯的建议，但是这些建议并不一定是用好听的话说出来的。而另外一些人对你说了好听的话，但这些好听的话并不一定是对你好的忠言。

那么我们该怎样区分呢？这就要用到分类比较法了。通过分类比较的方法，我们能快速掌握一个新事物，也能在今后遇到类似问题时给出正确的处理方法。俗话说："物以类聚，人以群分"，分类是我们认识、掌握和改善事物的常用方法之一。比较法则是进行科学分类的基本前提。客观事物之间既相互区别，又相互联系；既有相似处，又有相异点。通过比较，既可以具体地了解事物之间的相似处，又可以具体地了解事物之间的相异点，为进一步分类提供客观依据。

分类比较法可以分为纵向比较法、横向比较法和纵横结合比较法。纵向比较法是将同一事物或同类事物在不同历史条件下的具体形态加以比较的

方法，它有历史性、时间顺序性和纵深感，所以又叫历史比较法。横向比较法是将同一时期、背景下的不同事物，按某个同一性的标准进行比较的方法。纵横结合比较法是将纵向比较和横向比较结合起来的方法，这种方法可以使人更加全面地认识所比较的事物。

在科学研究中，运用比较法会引起灵感，催人探索新问题。丁弗·卡约里的著作《物理学史》中记载了美国科学家富兰克林的笔记，其中写道："电流和闪电的这些特征是一致的：1. 发光；2. 光的颜色；3. 弯曲的方向；4. 快速运动；5. 由金属传导；6. 在爆发时发出霹雳声或噪声；7. 在水中或冰里存在；8. 使它所通过的物体破裂；9. 杀死动物；10. 熔化金属；11. 使易燃物着火；12. 含硫黄气味。"富兰克林通过比较，发现了它们两者之间的 12 个相同点，写出了《论天空闪电与地面电火花相同》的论文，提出了电荷守恒定律。

在逻辑推理中，分类比较法也是非常重要的方法，有经验的侦探可以将现在发生的案件和以前发生的类似案件结合起来，发现它们之间的共同点，以便更快地找到破案线索。

在长途汽车站附近停着一辆日用百货公司的货车。某天，货车被盗，损失非常大，警察很快赶过来勘查现场，发现丢失的物品都是冰箱、洗衣机、空调等容易脱手的电器。另外，货车上的篷布被划开了。警察根据以往类似案件的经验，推断作案的凶手不止一人，而是团伙作案，作案时间应该是在凌晨一两点。他们先将货车的篷布划开，之后将偷出来的货物一件一件地装到小型车上运走，而且他们在附近应该有存放赃物的仓库。警察立刻开始调查附近的仓库，最终在一家饭店的仓库里找到了被偷的电器，不到 24 小时就顺利结案了。

分类比较法是我们人类社会必不可少的一种思维方法，因为事物处于一种普遍的联系之中，完全一样或者完全不一样的事物是不存在的，所以要进行比较才能做到有效鉴别。我们要将分类比较法正确地运用到认识世界和逻辑分析推理中，这是得到真理的正确途径之一。

有些选民赞成所有的候选人

MBA 逻辑判断中有这样一道题：

在一次选举中，统计显示，有人投了所有候选人的赞成票。如果统计是真实的，那么下列哪项必定是正确的？

A. 对每个候选人来说，都有选民投了他的赞成票。

B. 对所有候选人都投赞成票的不止一人。

C. 有人没有投所有候选人的赞成票。

D. 不可能所有的候选人都当选。

E. 所有的候选人都可以当选。

既然有人投了所有候选人的票，那么也就是说，所有的候选人都有票，A 项是正确的；对所有候选人都投赞成票的不止一人，这是不一定的，题中说有人投了所有候选人的赞成票，这个“有人”可以是一个人，B 项是错误的；有人没有投所有候选人的赞成票也是不确定的，题中的“有人”可以是所有人，所有人都投了所有候选人的赞成票的话，那么 C 项就肯定不对；同样，如果所有人都投了所有候选人的赞成票，那么所有的候选人的得票数就都是一样的，D 项是错误的；E 项中，所有的候选人有可能出现票数一样的情况，但不是一定发生的。

这是一道典型的逻辑学上的问题，但是我们从这道题本身能看到什么启示呢？大多数人只会选出一个自己支持的候选人，但有些人在面对某些问题的时候是没有坚定的立场的，选谁都可以，这就涉及一个一般和特殊的问题。

把一百只青蛙放在一起，再单独扔一只青蛙进去，你只会注意到多了一只青蛙，但到底是哪只，你就不一定能说出来了，这就是“一般化”；如果在一百只青蛙里扔进去一条蛇，你可以一下分辨出那条蛇，因为它比较“特殊”。

阿凡提以前所在的村子里有一个财主非常霸道，但是村民们对他敢怒不敢言。聪明勇敢的阿凡提开了一家染布店，财主为了捉弄他，拿了一块白布，问阿凡提是不是什么颜色都可以染，阿凡提说是的，于是财主要求阿凡提染一块没有颜色的布，阿凡提痛快地接受了。财主把布给了他，又问阿凡提什么时候可以拿货。阿凡提说在既不是星期一，也不是星期二、星期三、星期四、星期五、星期六、星期日的任何一天，你来拿就是了。

这里的颜色是一般性，而红色等具体的色彩则是特殊性，一般性离不开特殊性，特殊性也离不开一般性。来拿布的日期也是一样的，一星期里的某一天是一般性，但具体的星期几就是特殊性了。

还有《唐伯虎点秋香》中的秋香在被唐伯虎第一次看见的时候，她独自回头的时候，大家都觉得她长得也就是一般，但是第二次和众人一起回头的时候，大家都惊为天人，这是为什么呢？因为是被其他一般容貌衬托出了特殊美貌。

一般与特殊、共性与个性是对立统一的矛盾关系，二者相互依存、相互转化、互为存在的前提条件。人们认识事物的过程是从特殊到一般再到特殊的过程。在推理方面，从一般原理到特殊事例的推理称为演绎推理，从特殊事例到一般原理的推理叫作归纳推理。把归纳和演绎结合起来使用，才能更好地完成推理过程，我们在前面已经讨论过这一点了，此处不再赘述。

求同与合群

从小妈妈就告诉我们，在集体中生活要随和，和大家保持一致，“枪打出头鸟”“人怕出名猪怕壮”这些俗语都从侧面暗示我们，要和大多数人保持一致，其他人在干什么，你也要干什么。如果别人找了一份国企的工作，你却进了一家不被看好的小公司，那么七大姑八大姨会在背后说你干的是“旁门左道”。其他同龄人如果都结婚了，你还没有男朋友或者女朋友，那么你就会被称为“剩男”“剩女”。一直以来，我们都“安分守己”，所以创新能力被压制，因为我们害怕和别人不一样。

从几十万年前，这种求同的本能似乎就开始在我们的基因中生根发芽了。原始社会里，人类的祖先在狩猎和防卫工作中充分合作，让我们明白了一个道理：团结就是力量。单独的一个人和一只狮子或者一头犀牛对峙基本没有胜算，但是如果是十万个人和十万只猛兽对峙，人类获胜的概率就会大很多，所以我们深知团队合作的重要性。这种趋利避害的本性让我们即使在没有必要的时候还是保持着传统中的合群本能。此外，人类还有另一个深入骨髓的特性，害怕孤独。群居动物即使独自生活，其行为方式仍如同自己是团体的一分子，在人类中最直接的表现就是对孤独的恐惧心理，所以有时我们明明无话可说，却还要给朋友打个电话问一下近况；有时和朋友对某件事产生了不同意见，却也想着，算了吧，别争了。我们很怕自己会“落伍”“非主流”“不知道大家都在关注的新闻”，这种恐惧容易使我们放弃独立思考的能力，任凭感性思考带着我们盲从团体的要求，以便能够合群。但是，团体的想法、做法不一定就是正确的、合理的。过度地依赖团体和组织，有时会导致你意想不到的灾难发生。

在日常生活中，我们在大型组织或者团体中更常提起合群这个词。在大学的时候，我们宿舍里有个女生小李，如果说我和其他几个室友的大学生活是为了找回高中时没来得及肆意挥洒的青春，那么用小李的话说，她就是不想“浪费青春”，她常常一个人出入图书馆、自习室，很少参加社团活动，她也曾犹豫，觉得自己过于不合群，将来进入社会万一也不合群该怎么办呢？但是时间久了，她也习惯了一个人的生活。再后来，她不断在学校组织的比赛中获奖，也收获了很多朋友，她的这些朋友也都把时间和精力放在了提升自己上。小李说，一位学姐给她的触动最大，她们相识在图书馆，后来成了好朋友。学姐四年如一日，从来没有松懈过，最终考上了清华大学的研究生。学姐说，为了所谓的合群而放慢自己的脚步是没有必要的，应该在自己的节奏中找到和自己速度一样的朋友。小李如同醍醐灌顶，她不再犹豫，继续保持自己的节奏，毕业时她因成绩优秀被保送了本校的研究生。如今她也不再是一个人，而是找到了适合自己的圈子。

当今社会，精英那么少，普通人那么多；站在金字塔尖的人那么少，而在社会底层生活的人那么多；你选择了迎合大多数，那你就选择了平

庸。为了所谓的合群而碌碌无为地过一生，值得吗？为了所谓的合群而放弃最初的梦想，值得吗？为了所谓的合群，停下前进的脚步，值得吗？和这些比起来，“合群”二字渺小如尘埃，可以忽略不计。希望每个人不要再刻意追求合群，而是要做自己。

救护车该不该闯红灯

我们每个人从小就知道要遵守交通规则，所有的车辆都不可以闯红灯。但是《道路交通安全法》规定了警车、消防车、救护车、工程救险车在执行紧急任务时，可以使用警报器、标志灯具；在安全得到确保的前提下，不受行驶路线、行驶方向、行驶速度和信号灯的限制，其他车辆和行人应当让行。但这也是有限制的，警车、消防车、救护车、工程救险车在非执行紧急任务时，不得使用警报器、标志灯具，不享有前款规定的道路优先通行权。所以，紧急情况下，救护车是可以闯红灯的。

救护车也是车，本不该闯红灯，可是我们要做到“一切从实际出发，具体问题具体分析”，对于紧急情况下救护车上的病人来说，时间就是生命，所以我们要为生命开绿灯。

一切从实际出发，就是要把客观存在的事物作为观察和处理问题的根本出发点。而具体问题具体分析是指在矛盾普遍性原理的指导下，具体分析矛盾的特殊性，并找出解决矛盾的正确方法。无论是一切从实际出发还是具体问题具体分析，都是马克思主义哲学的精髓所在，也是当今中国社会主义社会的发展必须要遵循的两条基本准则。若离开这两条基本准则，社会将停止发展，甚至会导致整个社会主义政治体系的崩溃。

矛盾是普遍存在的，但事物中的矛盾各有各的特点，推理的过程也不例外。就像在东野圭吾的《放学后》中就有如下精彩的情节：女老师去卫生间更衣，卫生间的锁是个老式挂锁，她把挂锁打开并挂在门上，进去后从里面用插销反锁，然后更衣，再打开插销出来，把挂锁扣上走人，全程大概5分钟。第二天人们在卫生间发现尸体，显然不是女老师做的，但只有女老师有钥匙，请问凶手是怎么做到的呢？根据常识，我们可能会想，凶手到底是通过什么样的方式拿到钥匙的？但是从上述剧情进行分析，凶手拿到钥匙的可能性极低。仔细看我们会发现，卫生间的挂锁是老式的，如果拿不到钥匙，凶手可以换掉整个锁。在老师进去换衣服的期间，凶手用一把和原来一样的锁换掉挂锁，老师出来将挂锁锁上离开后，凶手再用自己的钥匙打开锁进去行凶。我们在推理这个过程所用到的主要思考方式就是一切从实际出发，具体问题具体分析，承认事物的一般规律，在合理的基础上去推断这个过程。

一切从实际出发，具体情况具体分析的思维方法要求我们必须要摒弃固化的思维模式，就如同我们看到有人掉到了缸里，难道唯一的救人办法就是砸缸吗？如果水缸里根本就没有水呢？如果掉到水缸里的是一个大人而不是小孩呢？以上情况都不需要砸缸。我们千万不能形成思维定式，只用一种办法去解决所有的问题，必须具体问题具体分析。只有结合具体实际情况，认清事物的本质特征，才能更好地发现问题，解决问题。

第二节
成功确定因素异同的案例

拒绝议员的丹尼

丹尼在屠宰场工作，每天的工作就是杀猪和卖猪肉，因为他经营有道，所以生意一直很好。有一次，一位议员派人找到丹尼，对丹尼说想把自己的女儿嫁给他，议员还为女儿准备了丰厚的嫁妆。对丹尼来说这简直是天大的好事，本来以为丹尼会非常开心地答应，但是没想到，丹尼并没有流露出开心的神情，只是摆了摆手说道：“实在是不好意思，请您代我向议员表示最深的歉意，我得了一种病，不适合娶妻。”那人劝说了几句就离开了。

丹尼的朋友知道了这件事，责问他为什么不答应这桩好事，丹尼说：“议员的女儿肯定不好看。”朋友问：“你们又没有见过面，你怎么知道她长得不好看呢？”丹尼说：“凭我多年卖猪肉的经验，我敢肯定我的判断是正确的。”朋友在听完丹尼的理由之后，觉得他说得很有道理，也就不再劝他了。后来他们见到了议员的女儿，她确实很丑。朋友也就不得不佩服丹尼的先见之明了。丹尼到底对朋友说了什么呢？

丹尼是利用类比法来思考这个问题的。他说：“就像我卖猪肉一样，我的猪肉质量好并且分量足，顾客就会购买我的猪肉。可是当我卖的猪肉质量不好的时候，就算给客户多加点肉，少要点钱，顾客依然不买我的猪肉。现在议员要把女儿嫁给一个卖猪肉的我，还准备了丰厚的嫁妆，所以我认为他的女儿一定不好看。”

三个嫌疑人

一天中午，警局接到报案，一名男子被杀死在自家院子里，趴在一个沙袋上，背部中了致命的一刀，据体温显示，他的死亡时间不超过两小时，院子里有明显的打斗痕迹。死者不善交际，只有三个朋友。于是警察把他的三个朋友叫过来进行问话。

甲和死者认识很多年了。今天甲的老婆不在家，所以他独自带着五岁的儿子去买菜，然后在中午十二点左右带着孩子、拿着酒菜到死者家里，想和死者一起吃午饭的。谁知道一进门就发现死者出事了，吓得他拉着孩子转身就跑，刚好碰见了乙。

乙是死者的同学，中午刚下班就过来给死者送几本书，正好看见倒在血泊里的死者和慌忙跑开的甲及其儿子。于是他和甲一起报了警。

丙是死者的同事，他说自己早上七点来给死者送沙袋，死者说不太舒服，今天想请假，所以丙就自己去上班了，其他同事可以证明上午丙都在公司。

三个人都有不在场证明，那究竟是谁杀的死者呢？再仔细观察现场，竟然发现死者身下被血浸湿的沙袋上有些白色粉末。警察看到这些白色粉末，瞬间恍然大悟。这三个人中有人在说谎，到底是谁杀了死者呢？

凶手一定在这三个嫌疑人之中，那么我们来寻找一下这三个人和凶手之间的异同点。死者是背部中刀，而且院子里有打斗痕迹，说明死者不是自杀。在初步判断的死亡时间内，三人都有不在场证明，说明在判断死亡时间上是有误差的，死亡时间是根据死者的体温来判断的，那么周围有什么物品可以改变死者的体温呢？死者是趴在一个有白色粉末的沙袋上的，按理说沙袋中不应该有白色粉末，除非凶手想要利用白色粉末延缓死者的死亡时间。白色粉末是石灰粉，石灰粉遇到液体会放热，也就是说，死者的血液遇到石灰粉会放热，致使死者的体温被改变了。所以死者的同事丙是凶手。

艾达和科林的婚礼

下午五点，艾达和科林将在一座别墅里举行婚礼，婚礼还有三个小时才开始举行，但是伴娘凯西和伴郎大卫早已到场开始帮忙收拾。凯西和大卫与新娘新郎都是同学，他们寒暄了几句就开始帮忙干活了，艾达让凯西帮着挪一盆玫瑰花，凯西刚把花盆抬起来就立马松了手，转身打了个喷嚏。幸好艾达把花盆给接住了。“瞧我这记性，差点忘了你对玫瑰花过敏。”科林对艾达说：“让大卫搬吧，你陪我到二楼休息一下。”新郎、新娘形影不离，真是羡煞旁人。

宾客们陆续到场了。丹尼尔是科林的大学室友，刚入场就向大卫打听科林在哪儿，想和他叙叙旧，大卫带着丹尼尔到二楼去叫科林，一进门却发现科林被人用刀杀死了。科林趴在地上，平整的衬衫上没有一道折痕，只是背后有一片红色的血迹。

警察很快到达现场，“血液溅出之后向垂直方向淌下很多，可见死者是以站立姿势死亡，后来才倒地的。尸体还很温热，他应该是一个半小时之内在休息室里被杀的。”法医得出如上结论。

刚才只有三个人进过休息室，科林的未婚妻艾达、伴娘凯西和伴郎大卫。“我陪他上来聊了两句，他说他有些累了，我让他关上门休息，就下楼去张罗婚礼了。”艾达边哭边说。凯西说：“科林打电话叫我进来聊聊，我们叙叙旧而已，我在房间里只待了十分钟就出去了。”艾达冲过来，生气地说：“就是你杀了他，你们俩过去有过那么一段，你还放不下，就把他杀了。”凯西回应道：“如果是情杀，大卫也有可能吧，他不是一直喜欢你吗？”警察出来控制场面，说：“冷静一下，大家都别吵了，大卫，你进去的时候房门是锁着的吗？”大卫回答：“是的，科林有随手反锁门的习惯。不过我备份了这里的所有钥匙，因为丹尼尔急着找他，我又敲不开门，就用自己备份的钥匙开了门。”

电话记录显示，科林打出的最后一个电话确实是给凯西的，还聊了一分多钟，也有其他客人看到大卫敲门的情景。到底是谁作的案呢？警察突然一抬头，看到房间门旁边的桌子上放着一束写着“新郎”的玫瑰胸花，而科林就倒在这张桌子的旁边。他转过身问艾达这个胸花是怎么回事，“我送他上来的时候他还没摘胸花呢，可能是要躺下休息的时候才摘下来的吧。”艾达说。警察若有所思地说：“我知道凶手是谁了。”

凶手是谁呢？杀人过程又是怎样的呢？

案例分析

我们来比较一下这几个人说的话，如果是艾达杀的人，那下一个进门的凯西就能发现科林已经死了，凯西没有理由帮艾达隐瞒，而且艾达和科林马上就要结婚了，她也没有什么理由杀他。科林死时穿戴整齐，衬衫上也没有褶皱，说明他完全没有躺在床上睡觉，不存在因熟睡不能应门的情况，所以大卫敲了很久的门而无人应答说明科林那时已经遇害了。再联系到凯西对玫瑰花过敏，她和科林是旧情人，科林打电话叫凯西来房间等信息可以知道，凯西就是杀害科林的凶手。科林知道凯西会过敏，所以摘下胸前的玫瑰花，这样他俩才能拥抱，凯西也就是在拥抱的时候，拿出刀子在背后刺杀了科林。

除夕酒驾

已经是除夕了，李警官依然不能下班，因为凌晨发生了一起酒后交通事故。尽管有目击证人称看到驾驶这辆奔驰的车主撞上了一名女士，但车主依然不承认自己的过错，只因他有完美的不在场证明。马警官看了看笔录，车主说：“今天晚上我在饭店和几个朋友聚了聚，我是喝了点酒，但是我没开车，而是让我的朋友把车开走了。大约凌晨一点多，我们的聚会散了之后，我走出饭店，月光照在雪地上，明晃晃的，我的眼睛看不清东西，就摔了一跤。因为喝醉了爬不起来，我被同行的朋友送到了附近的医院里。在医院包扎后就坐朋友的车回家了，直到今天下午才醒，然后就被带到这里了。”

李警官查看了这名车主在医院开的各种单据还有医院的录像，今天的确

下了很大的雪，但是直觉告诉他，车主一定在撒谎，过了一会儿，李警官一拍桌子，说：“我明白了，他果然是在撒谎。”

李警官明白了什么呢？

李警官想到了这个案子中的环境因素。腊月三十，和其他每个月的月底一样，是看不到月亮的，所以车主在撒谎。

经理的红酒和蜗牛

一天晚上，某公司经理被发现死在自己家里。经理倒在餐桌边，手里还攥着一只没吃完的蜗牛，头部有明显被钝器击打的痕迹，桌子上有一只翻倒的杯子，洒出的液体是红酒，桌上盘子里和地上散落着几只没吃完的蜗牛，死亡时间在下午五点到六点。

在五点到六点，有三个人进出过经理的家：第一个是送餐员张某；第二个是死者的前妻记者李某；第三个是外甥蒋某，在京剧团唱旦角。根据走访调查，警察得到如下信息，死者曾因张某弄错了送餐时间而拒绝付餐费。李某和死者因为离婚财产的分割问题正在吵架。蒋某经常因为向死者借钱而被死者骂。

这三个人谁是凶手呢？

经理死时手里还攥着一只蜗牛，这可能是他给我们的提示：蜗牛是雌雄同体的动物，这个信息点指向的是死者的外甥蒋某，因为他在京剧团唱旦角，所以他是杀死经理的凶手。

湖边的足迹

伦敦郊区的湖边发生了一起凶杀案，在碎石滩上留下了类似脚印的迹象，左边是正常脚印，右边只有一排点。警察推断这些足迹应该是犯罪嫌疑人留下的。根据酒店的电梯记录，酒店一共有 30 层，此人住在 26 层，可是他有个习惯，每次上楼时只到 21 层，然后再走上去，下楼却是直接下来。警方目前怀疑三个人：第一个人右腿是假肢，随身带着拐杖，身高 180cm，好赌博；第二个是身患侏儒症的喜剧演员，人脉复杂；第三个是有前科的黑手党，人高马大。

谁才是杀人凶手呢？

三个人进行比较，因为酒店是 30 层的，所以电梯按键有三列，第三列的最下面的键是 21 层，凶手每次都坐电梯到 21 层，可能是因为不借助外界的力量按 26 层对他来说是件很困难的事情，而下楼的时候按 1 是可以做到的，所以此人应该身高很矮，所以侏儒演员是凶手。

伦敦经常下雨，办案人员能在碎石滩发现脚印也说明那几天空气很潮湿，刚下过雨，所以脚印能定型。在这种情况下，雨伞就成了方便携带又不易暴露的凶器。

侏儒演员身材矮小，只要将伞合起来当拐杖，就可以故意留下凶手是瘸子的假象，从而误导办案人员。

宿舍惊魂

今天早上克里斯汀被发现死在大学宿舍里，宿舍里的桌子上有半杯水，死者的手边有一支笔和一张纸条，上面写着“Library”。经调查，发现嫌疑人有四个，分别为克里斯汀的男友弗兰克；室友辛迪、黛比和康妮。法

医送来的调查报告显示，死亡时间是前一天晚上九点半左右，死因是氰化钾中毒，从死者桌子上的水杯中可以检测出氰化钾。这是一种剧毒，人服食后会立即死亡。从四名嫌疑人处录得口供如下：

弗兰克："昨晚八点到十点我一直在图书馆，每天这个时间我都会去那里，我和我女友关系很好，不过最近我们吵了一架，到现在都没有和好。"

辛迪："我昨天下午回家了。我和克里斯汀的关系最好，她经常和我讲她和她男朋友的事情。"

黛比："我昨天晚上和朋友出去玩，一直到天亮才回来，我和克里斯汀总因为一些小事吵架，所以我俩的关系不太好。"

康妮："昨晚我在网吧，今天早上才回来，我和克里斯汀曾经有矛盾，不过现在已经和好了，我们现在的关系一般。"

四个人中谁是杀害克里斯汀的凶手呢？

弗兰克说自己经常去图书馆，而且最近和克里斯汀吵过架，所以很容易让人误以为他是凶手。但是氰化钾是让人吃了会立刻死去的一种毒药，克里斯汀中毒后不可能有时间写纸条，所以纸条是凶手留下来故意陷害男友的，这反而洗清了弗兰克的嫌疑。克里斯汀整天给辛迪讲她和弗兰克之间的事情，所以辛迪知道最近他们正在吵架，也知道弗兰克每天会定时去图书馆。所以辛迪很可能是杀人凶手。

猎人村庄的村民被猎杀

一个猎人村庄的村民被发现死在了后山上，后背的箭伤是致命伤。奇怪的是，他身上的箭不见了。现场尸体旁边的脚印要比其他地方的脚印深一些。因为凶手穿着鞋套，所以警方不能判断出是谁留下的脚印，但经过走访排查，还是将嫌疑人的范围缩小了很多，最后只剩下五个嫌疑人。

前任村长：曾经的神射手，年轻时百发百中，对周围地形非常熟悉，是个和蔼的白胡子老爷爷。他不敢相信村子里竟然有人杀自己人。

追求与众不同的村民：非常虚荣，所有的东西都要比别人的好，爱炫耀，为此欠了很多债。他否认自己杀了人。

村里的流氓地痞：有着精湛的箭法，体力极强，和人多次打架斗殴都占了上风，是十足的恶棍，他自称并不认识死者。

刚刚出狱的抢劫犯：对警察的提问冷静地做出反问，要对方拿出证据再怀疑自己。

精神病人：每天都出去打猎而且满载而归，发起疯来什么事都干得出来。

以上五人中，谁最有可能是杀人凶手呢？

案例分析

可以看出尸体附近的脚印是凶手从死者身上拔箭所留下的，凶手一定要把箭带走，就说明箭上有指向他的证据，他的箭和其他人的箭不一样。只有“追求与众不同的村民”最有可能拥有与众不同的箭，所以他是杀人凶手的可能性最大。

偷礼金的人

一位刚刚车祸痊愈的患者回家去休养，有很多朋友来看望他，也送来了不少礼品和礼金。一天，有几位客人在患者睡觉的时候来看望他，是患者的女儿师艺接待的。患者的女儿在送走几位客人之后，发现送来的礼金不见了，于是赶快报了警。警察找到当天来看望患者的客人，通过询问，迅速将小偷捉拿归案。已知家属和客人、客人和客人互相之间都不认识，小偷也没有同伙。下面是几名嫌疑人的部分口供：

客人一：“我犯过错误，在准备偷东西的时候被老师发现了，他及时制止了我，将我拉回正道，现在我是一名律师。”

客人二：“老师讲课讲得特别好，我和同学们都很崇敬他。”

客人三：“我和老师是在旅途中偶然认识的，他非常乐于助人，经常帮

助我。”

客人四：“我们是在健身房认识的，听说老师出了车祸，就来看看他。”

客人五：“老师借过钱给我并在危难之中帮过我，我绝不会偷他的钱。”

那么，是谁偷了礼金呢？

客人三和客人四是在旅行和健身的时候认识的患者，但是他们都叫他“老师”，如果患者是学校的老师，我们在称呼的时候，一般会在前面加上他的姓，如“李老师”或“张老师”，所以患者的职业不是教师，而是患者姓“师”。但是客人二却说患者是自己学校的老师，显然他撒谎了，他就是小偷。

丢失的古画

皮特非常喜欢收藏，有一次，他收藏了一幅来自中国的珍贵古画，逢人就要炫耀一番。一天，有三位古董商来皮特家里做客，皮特当然免不了要显摆一番自己的古画。古董商们见了这幅画惊叹不已，都说皮特有眼光，运气又好，找到宝贝了。皮特心情大好，稍后合上了装古画的柜子，并用封条把柜子封上，然后带客人到客厅去喝咖啡。

四个人聊得很开心，在言谈举止间，皮特发现三名客人手上都受了点伤，第一位客人在手掌外侧涂了紫药水；第二位客人手指划破了，涂着红药水；第三位客人的食指涂着碘酒。这时，皮特的女儿从外地赶回家里来看父亲，皮特就拉着她去看古画，却发现古画不见了。皮特大惊失色，险些晕倒，女儿倒是沉着冷静地在找线索。她看了看封条上的蓝色斑点，然后安慰父亲道：“爸爸别着急，我有办法知道谁是小偷。”女儿不动声色，搀扶着父亲来到客厅，默默观察了三位客人的手，然后指着其中一位说：“偷画的人就是他！”

你看出谁是小偷了吗？为什么是他呢？

案例分析

糨糊中的主要成分是淀粉，当淀粉与三位客人手上的药水相遇，会分别有不同的反应，产生不同的颜色。而封条上留下的颜色是蓝色，淀粉遇碘会变蓝，所以小偷就是第三位客人。

目击者

中午大概十二点，哈里森一个人在小酒馆里喝咖啡。突然，酒馆对面的方向一声枪响，街上开始乱了起来，哈里森看到有三个人从银行里跑出来。又一声枪响，抢劫犯跳上了正等在路边的一辆汽车。

几分钟后，一个修女和一个男人走进了小酒馆。修女要了一杯咖啡，男人要了一瓶啤酒。当时小酒馆只有他们三位客人，所以哈里森主动和他们谈论起刚才的抢劫过程。这时，街上又响起了警笛声，据说抢劫犯已经被抓住了，哈里森离开自己的座位走到门口看热闹。当他再回到柜台时，修女和男人已起身离开。吧台服务员正要把杯子收走，看到哈里森又回来了，就对他说："对不起先生，我以为您也走了呢。"服务员看了看两个杯子，把没有沾上口红印迹的那只杯子递给了哈里森。

哈里森突然想到了什么，边往外跑边喊："抓住他们，他们是抢劫犯！"

是什么东西引起了哈里森的怀疑呢？

案例分析

在服务员将没有沾上唇膏的杯子还给哈里森时，哈里森突然意识到刚才的修女和男人也是劫匪的同伙，因为真正的修女是不会涂口红的，所以这个修女是假扮的。

第五章

福尔摩斯高手法：

类比思维：解决陌生的“疑难杂症”

第一节 福尔摩斯告诉你，怎样解决陌生难题

女同学不能留长发吗

假设学校规定男同学不能留长发，因为男同学和女同学都是学生，得出女同学也不能留长发。这是一个类比推理，但是一个失当的类比推理。

黑格尔说:“假如一个人能看出当前显而易见的差别，譬如，能区别一支笔与一头骆驼，我们不会说这人有多聪明。同样，如果一个人能比较两个近似的东西，如橡树与槐树或寺院与教堂，而知其相似，我们也不能说他有很高的比较能力。我们所要求的，是能看出异中之同和同中之异。”

黑格尔所说的即类比推理，就是根据两个或两类对象的某些属性相同或相似，从而推知它们的另一个属性也相同或相似。当进行类比的两个事物存在重要的、与论题有关联的显著差异或本质差异时，会出现类比失当。开头的例子中，男同学和女同学在留长发的问题上没法进行类比就是这个原因。

类比是以比较为基础的，通过对两个不同对象进行比较，找出它们的相似点或相同点，然后以此为根据，把其中某一对象的有关知识或结论推移到另一对象中去。比较就是确定两类事物对象之间的相同点和不同点，从而把握事物对象的本质特性的一种逻辑方法。客观事物是相互联系、相互区别的，它们之间既有相同点又有不同点。科学研究中的比较，就是要在表面上差异极大的事物间找出它们在本质上的相同点，或在表面上极为相似的事物之间找出它们本质上的不同点。类比法在各种逻辑推理方法中是最富有创造性的一种方法，这是因为，类比法不限于在同类事物中进行对比，也不必受一般原理的限制。使用类比法，可以跨越各个种类进行不同

类事物的类比，可以比较本质的特征，也可以比较非本质的特征。它更富于想象，因而具有较强的探索和预测作用。

我国古代著名的医学家孙思邈注意到，得脚气病的往往是富人，穷人患此病的很少。他通过进一步的观察、比较后发现，穷人之间的劳作、生活等情况各有差别，但是穷人的食物里多米糠、麸皮；富人之间的生活方式也各有差别，但富人吃的是把糠与皮去掉之后的精面、白面。于是他就试着用米糠来治疗脚气病，果然灵验。孙思邈将穷人和富人的生活进行对比，找出其中主要的不同点，这个不同可能就是富人得脚气病的原因。他小心假设，大胆求证，果然找到了治疗脚气病的方法。

应用类比的方法造福社会或者完善自己的例子数不胜数，《战国策》中的《邹忌讽齐王纳谏》就是其中一个典型的代表。

邹忌修八尺有余，而形貌昳丽。朝服衣冠，窥镜，谓其妻曰：“我孰与城北徐公美？”其妻曰：“君美甚，徐公何能及君也？”城北徐公，齐国之美丽者也。忌不自信，而复问其妾曰：“吾孰与徐公美？”妾曰：“徐公何能及君也？”旦日，客从外来，与坐谈，问之客曰：“吾与徐公孰美？”客曰：“徐公不若君之美也。”明日徐公来，孰视之，自以为不如；窥镜而自视，又弗如远甚。暮寝而思之，曰：“吾妻之美我者，私我也；妾之美我者，畏我也；客之美我者，欲有求于我也。”

于是入朝见威王，曰：“臣诚知不如徐公美。臣之妻私臣，臣之妾畏臣，臣之客欲有求于臣，皆以美于徐公。今齐地方千里，百二十城，宫妇左右莫不私王，朝廷之臣莫不畏王，四境之内莫不有求于王：由此观之，王之蔽甚矣。”

王曰：“善。”乃下令：“群臣吏民能面刺寡人之过者，受上赏；上书谏寡人者，受中赏；能谤讥于市朝，闻寡人之耳者，受下赏。”令初下，群臣进谏，门庭若市；数月之后，时时而间进；期年之后，虽欲言，无可进者。燕、赵、韩、魏闻之，皆朝于齐。此所谓战胜于朝廷。

邹忌明明知道自己没有徐公长得帅，但是他的妻子、小妾和客人都说他比徐公帅，因为他的妻子偏爱他，他的小妾怕他，他的客人有求于他。他将自己和齐威王进行类比，后宫的妃子都偏爱大王，朝中的臣子都惧怕大王，本国的百姓都有求于大王，经过对比得出结论，大王受到很深的蒙蔽。齐威王听取并采纳了邹忌的建议，并想出了解决办法，赏赐提建议的人。这样的做法会使齐国不断向前发展，其他的国家都来朝拜强大的齐国。这就是用类比的方法发现了现有的问题，再解决问题，不战而屈人之兵。

我们从原始社会发展到信息社会，与生活中的类比是分不开的。只有对生活中不同事物进行比较，才会发现我们还有更高的欲望和标准，每当缺乏可论证的思路时，这个类比方法往往能引导我们前进。所以，生活中有了比较和类比，才会让我们的世界更完美。

好侦探懂得在案件中找出相似性

类比法在破案的推理过程中的重要性不容小觑，一个好侦探能在推理的过程中熟练应用类比法，这也是为什么老侦探比新手更容易找到案件破绽的原因。我们经常说的经验的积累其实就是类比素材的积累，在遇到一个新的案件的时候，如果我们发现这个案子和之前所遇到的某个案子很相似，那我们就可以根据之前那个案子的破案思路来对应这个新案件，更容易破案，而且帮助办案人员节省了时间和精力。

类比推理法还可以用在现场的勘查中。现场环境有时会遭到破坏，我们可以运用类比法对现场进行模拟还原。

一个小区里发生了一起凶杀案，警察在现场采集到一枚脚印，他们发现这个脚印很像是受害人的一位朋友的，但是这位朋友声称他是在受害人死亡之后的两天才来到现场留下的。警察对于死者朋友的这句话表示很怀疑，他们想知道这个朋友的话是真还是假。他们了解到，受害人在睡觉前有洒水的习惯，所以死者朋友的鞋印应该是在洒水之后留下的，但是在多久后呢？警察也无法判断出来，所以只能用类比推理法。他们模拟了现场，在完全相同的地方洒上水，然后找到一个和死者朋友的身高体重都一样的人，穿着一样的鞋，在 48 个小时之内每隔半小时就踩一次，再用照相机拍下来，然后把拍下来的 96 张照片和现场的脚印逐一对比，最终发现洒水后 1~2 小

时留下的脚印和现场的脚印是一样的，所以根据类比推理法，这位朋友撒谎了，留下的脚印肯定不是两天后的。类比推理法帮助我们找到了案件的突破口。

再来看看类比推理法在医学上的应用。

18 世纪的维也纳，肺结核的发病率很高。一次，约瑟夫·奥安勃鲁格医生的一位病人去世了，在经过病人家属的同意后，他对病人的尸体进行了解剖，发现病人的胸腔里充满了积水。奥安勃鲁格想，如果我们早点知道他的胸腔有积液，那么就可以从肋骨之间插入一支空针，将积液抽出来，这样可能会拯救病人的生命。可是怎样判断胸腔中有没有积液呢？奥安勃鲁格回想起童年时，经营酒业的父亲经常带他到地窖去，教他查看每只酒桶里还有多少酒。如果酒液上方是空气，当敲击酒液上方的桶壁时，声音很清脆；如果敲击酒液所在位置的桶壁，声音就很沉闷。用手指弹敲酒桶，凭借酒桶发出的清、浊声音，便可以估计桶里剩余酒量的多少。那么，人体的胸腔不也可以用手指叩击，从发出的不同声音来判断胸腔内有无积液吗？奥安勃鲁格经过 7 年的试验，终于发明了叩诊法，并且广为流传。

奥安勃鲁格之所以能够发现叩诊这种诊断方式，是因为他采用了类比推理法，因为人的胸腔和装酒的酒桶结构很相似，都是封闭的物体；人的胸腔中的积液也和酒桶里的酒很相似，都是存于封闭物体中的液体；人可以通过敲击酒桶时听到的声音来判断酒桶里面还有多少酒，那在敲击胸腔的时候，同样也可以根据声音来判断里面有没有积液。当然，由于类比推理法具有一定的或然性，刚开始他有这种想法的时候只是推测，但经过坚持不懈的多次实验终于证明了叩诊这种方法是可行的。

事物内部各个属性并不是孤立存在的，而往往是相互联系、相互制约的，这是我们运用类比推理法的依据。若降低类比推理法的或然性，我们可以这样做，前提中所确认的相同属性越是本质的，相同属性与所推出的属性之间越是相关的，相同属性越多，那么结论的可靠程度也就越大。类比推理法是立足于原有的知识基础，进一步扩展知识的一种试探方法。它可以使人的认识从一个研究领域过渡到另一个新的领域，是进行创造性思维活动的必要手段。

绵羊思维：模仿很有效

绵羊的性情温顺，群居性强，喜欢聚在一起，只要有“头羊”先行，其余羊就会尾随跟进。当在一群羊的前面横放一根木棍的时候，第一只羊跳了过去，第二只、第三只也会跟着跳过去。这时，如果把那根棍子撤走，后面走到这里的羊仍然像前面的羊一样，向上跳一下，尽管拦路的棍子已经不在了。这就是所谓的“羊群效应”，也称“从众心理”。它本来指的是由于对信息的缺乏了解或了解不充分，往往需要通过观察周围人群的行为提取信息。在这种不断的信息传递中，许多人的信息大致相同且彼此强化，从而产生从众行为。但是这种从众或者说模仿行为也有好的一面。

从人类的犯罪活动出现至今，尤其是在工业时代以后，绝大部分类型的犯罪行为已经出现过，所以现在警察们所面对的犯罪行为大部分有过相似的案例。既然有例可循，警察们就可以根据以往类似案件的办案经验去侦破现在的案件，用最短的时间找到案件的突破口。

日常生活中也是一样的。在前人所总结的经验教训中，我们可以更系统地整理现有的知识，我们也是站在前人的肩膀上一点点这样前进的。

美国有一个叫约瑟夫·格利登的小男孩，他在加利福尼亚的一个牧场里做牧童。约瑟夫经常一边放羊，一边看书，每当他沉迷于书中的精彩情节时，羊群就常常撞倒用木桩和铁丝围成的放牧栅栏，跑到附近的田里偷吃庄稼。因此牧场主非常生气，威胁他说：“你这个没用的东西，再看不好羊我就把你辞掉！”怎样才能让羊群不再越过栅栏呢？约瑟夫开始思考，他发现园子里有一片玫瑰花，即使没有坚固的栅栏，也很少有羊能跨过那片长满刺的玫瑰花围墙。于是他想：我可以把铁丝做成带刺的样子，这样羊群就像怕玫瑰花刺一样，不会跨过带刺的栅栏了。他把铁丝剪成 5 厘米长的小段，并把其中一端剪成尖刺的形状，缠在铁丝栅栏上。果然，羊群试图

越过铁丝的时候被刺疼，就再也不想越过栅栏了，约瑟夫也不必担心会被牧场主辞退了。他的这项发明很快就被有商业头脑的牧场主看中，并开了一家专门生产这种铁丝栅栏的工厂。小约瑟夫就是运用了模仿的思维模式，很轻松地解决了问题。所以，掌握并且应用这种模仿的能力，可以提高我们的效率，避免毫无头绪的空想。

我们在生活中离不开模仿，刚出生的小鸡就能站起来走路并且模仿母鸡去啄食，幼年动物通过对年长动物的行为进行模仿并学习来获得生存技能。在社会中，角色和行为的掌握是通过模仿他人的角色和言行举止获得的，所以在人们的个体社会化中模仿起着重要的作用，特别是对儿童的发展具有重大而深远的影响。

模仿行为对我们是至关重要的。我们在一个讲求团队合作的社会中生活，模仿或者从众行为有时会有利于保证团队的统一认识和行动，增强团队的凝聚力和战斗力，也有助于我们向他人学习经验，扩大视野，修正自己的思维模式，减少不必要的烦恼和误会。但我们要注意避免盲目从众，它可能会使我们接受社会环境的消极影响，助长社会生活中的歪风邪气。只要我们能养成独立思考的好习惯，明辨是非，模仿和从众的行为就对我们有积极正面的影响，有利于我们养成良好的品德和行为习惯，从而促使整个社会形成稳定和良好的风气。

错误类比：说蠢话的政治家

人人都有大脑，都会用大脑去思考，但是有时会出现一种“洗脑”的现象。例如，传销组织中，一些洗脑者经常以“逻辑”为掩护，大谈特谈，想要对方接受自己的观点，可是这些观点的逻辑往往是错误的。我们在说话的过程中也经常会遇到错误的逻辑，如鲁迅先生笔下的人物阿 Q 就有一种特别的逻辑，在辩论中常常能噎得对方说不出话来。有一次，他到静修庵的菜园去偷萝卜，被老尼姑逮了个现行，可阿 Q 理直气壮地说，你能叫得它答应你吗？面对这样的问题，一般人可能没法一下子想出该怎么反驳。

阿Q的逻辑中必然是存在问题的，他所说的前提不能推出结果，因为萝卜没法回答尼姑，所以不能得出萝卜不是尼姑的。

如果说阿Q是生活在社会底层的市井无赖，在话语中出现逻辑错误是情有可原的话，聪明的政治家也出现类比不当的错误就是不应该的了。尼克松总统曾经在媒体上说："我是驾驶国家之船的船长，媒体与民众都不需要知道我终止越战的秘密计划，身为船长，我知道该带领大家到何处。"但是总统不是船长，政府也不是船，和统治国家相比，开船简单得多，船做不了政府做的事情，政府也不能像船一样浮在水面上。船长和总统的权力也是完全不同的，总统的权力要接受制约，但在公海上，船长就是一船之主，有绝对的指挥权，不受任何人制约。所以尼克松将自己比作船长是个不当类比，他不过是想要民众对他像船员对船长一样绝对地顺从。为了达到自己的目的，政治家们在媒体面前不惜说出不合逻辑的话。

再比如美国历史上的另外两位总统，林肯和肯尼迪：

1846年林肯进入国会，1946年肯尼迪进入国会，相隔一百年；1860年林肯当选美国总统，1960年肯尼迪当选美国总统，相隔一百年；两人都在星期五被暗杀；都是头部中弹而亡；凶手都是南方人；他们的继承人都叫约翰逊；在白宫两人的夫人各生一子；林肯的继承人生于1808年，肯尼迪的继承人生于1908年，相隔一百年；刺杀林肯的凶手生于1839年，刺杀肯尼迪的凶手生于1939年，也相隔一百年；刺杀林肯的凶手从一间戏院跑出，在一间仓库被抓获，刺杀肯尼迪的凶手从一间仓库跑出，在一间戏院被抓获；两名凶手都是在审判尚未开始前遭人枪杀；林肯的秘书叫肯尼迪，肯尼迪的秘书叫林肯，而且当时他们的秘书都曾劝告总统不要去被暗杀的地点……他们之间有这么多的相似之处，我们是不是可以进行类比：因为林肯的父母是英国移民的后裔，所以肯尼迪的父母也一定是英国移民的后裔呢？这是一个典型的类比公式，如果甲具有属性a、b、c、d，乙具有属性a、b、c，那么乙很有可能具有属性d。但刚才的类比肯定是错的。就算林肯和肯尼迪有很多相似之处，但他们仍是两个不同的人，他们如上的多处相似之处和他们父母的出身并没有任何直接或本质上的联系，所以这是一个错误的类比。

错误类比会使我们无法正确地认识世界、认识真理，更糟糕的是，错误

类比使人类的进步和理解力受到了限制，所以类比的结论必须由实践来检验。类比对象之间共有的本质属性越多，这类结论的可靠性越大。我们要尽可能地避免做出错误的类比，也要有识别错误类比的能力，这样才能更好地运用类比法为我们的生活谋福利。

有比较才有创新

创新是现在社会中出现频率很高的一个词，有创新，社会才能不断地发展，但我们怎样才能做到创新呢？当我们觉得旧的东西不好用了或者不方便了，我们就会想去创造出一个新的东西来代替旧的东西，创新是从比较中得来的。

1877 年，爱迪生在新泽西州建起了科技研究所，他在研究所里的第一项发明是炭精送话器。贝尔发明的电话有个弱点，灵敏度差，双方在打电话时必须大喊才能听到，爱迪生经过比较发现，用炭精代替硫酸和碳杆，效果会好很多。一天，他在调试炭精送话器时，因为右耳的听力不好，就用一根钢针代替右耳去感受传话膜片的震动，当他用钢针触动膜片时，随着讲话声调的高低，送话器发出了有规律的颤音。爱迪生由此受到启发，如果反过来，使短针颤动，能不能复原出声音来呢？想法一出，爱迪生便着了魔似的开始研究会说话的机器。终于，在 1877 年 8 月 15 日，爱迪生造出了一台会发出声音的怪机器，“玛丽有只小羊羔，雪球儿似的一身毛，不管玛丽往哪儿去，它总是跟在后头。”虽然声音小，而且有点含糊，但这是有划时代意义的发明，爱迪生给它起名叫“留声机”。但是，若不是有电话的原理作为对比，爱迪生也不会想到声音可以录制，更没有机会发明留声机了。

创新是动态性的，社会不断向前发展，创新受社会发展速度的影响，社会发展越快，创新频率就越高。比较是创新的基础和原动力，任何一种新事物的发明一定有一个从最开始的灵感到后期运用理性的方法探索出一条道路的过程，这个最开始的灵感就是和旧有事物比较的过程，所以先有比较才有创新。

富尔顿出生在美国农场的一个工人家庭。有一天，他在海上划船游玩，划累了就坐着休息一会儿，可是他突然感到船游动了起来。没人划桨，又风平浪静，船怎么会动呢？他看到了自己伸在水里的脚正在前后不断地摆动，因为起到了船桨的作用，所以船开始动了起来。这时的富尔顿就想，一定要造出一艘不需要划桨就可以自己走的船。1802年，富尔顿在伦敦认识了蒸汽机的发明者瓦特。他想，如果在船上安个大轮子，使蒸汽机带动这个大轮子，船只不就可以自动航行了吗？1807年，富尔顿回到祖国，造了一艘名为“克莱蒙特”号的轮船。8月17日，“克莱蒙特”号正式下水试航，从此，人类海上探索的心就跟着“克莱蒙特”号一起起航了。富尔顿就是将自己在水中划动的脚和一种能自己转动的大轮子进行类比，才有了轮船的萌芽法，这再一次证明比较对创新的重要性。

无论是爱迪生发明留声机，还是富尔顿发明轮船，都是善于观察，勤于思考，合理利用类比法的结果。创新是世界不断前行的动力，那么类比法就是创新的灵感源泉。掌握好类比法，我们才能很好地为世界发展服务，为社会进步服务，为我们自己服务。

第二节 成功解决陌生难题的案例

四楼的嫌疑人

警长汉克在外地度假，一天，他正在自己的房间里享用午餐，突然听到门外有一声枪响。他迅速地跑了出去，发现401号房间的房门开着，一个女人惊恐地坐在房间门口，中枪的男人躺在地板上，刚刚死去。在门口中间有一发子弹壳。

汉克警长马上报了警，在当地警方来之前，他先开始了对案件的调查。旅馆的监控视频显示四楼无人进出，所以凶手就藏在四楼的客房中。

404号房间住的是一位男士，他有一个行李箱、一盒火柴、一个左侧带有碳迹的烟斗，还有一根拐杖。

406号房间的女士有一副墨镜、一把伞和一双其中一只坏了的高跟鞋。

409号房间的男士有一把手枪、一个行李箱和一套积木玩具。

经检查，三人都没有硝烟反应。

死者老婆说当时她听到有敲门声，就去开门，门外有一个戴着帽子、口罩、墨镜，穿着大衣的人，他什么都没说，直接给了她丈夫一枪，然后就逃走了。

404号房间的男士说自己当时在房间里抽烟，什么都不知道。

406号房间的女士说自己并不认识死者，案发当时她正在看电视，只听到一声很响的枪声，吓了一跳。

409号房间的男士说自己当时正在房间里睡觉，带手枪是为了防身，没有杀人。

因为他们房间的窗外有一条河，凶手可以将作案时所穿的衣服扔进河里，所以他们在测试时都没有硝烟反应。但是汉克警长听完几个人的描述之后笑了笑，他已经知道谁是杀人凶手了。

你知道吗？

我们运用类比法来分析这件案子。汉克警长和住在406号房间的女人都听到了枪声，404号房间的人只是在抽烟，不可能没听到。而且404号房间的男士说自己当时在抽烟，他的房间又有一盒火柴，那么他肯定用火柴点过烟，所以他的衣服应该能被检测出硝烟反应，可实际上没有，说明他在说谎。被杀的401号房间门口有一个子弹壳，说明行凶的手枪是半自动能退弹的手枪。这种手枪一般退弹时会抛向枪手的右后方，但是子弹壳是在门中间被发现的，说明凶手是个左撇子。404号房间的男士的烟斗左侧有碳迹，说明他是用左手点烟的，所以他就是杀人凶手。

死者身份

安格斯警官一脸愁容地来到塞缪尔的公寓，他们是朋友，塞缪尔是一名推理小说家。

“看你那副样子，一定是又遇上什么棘手的案子了吧？”

“是件焚尸案。别说找凶手了，就连死者的身份都还没有弄清楚呢，真头疼。”安格斯似乎被这件案子折磨得苦不堪言。他接着说，“上周在郊区的废弃工厂里发现了一具烧焦的男尸，周围一点线索都没有，指纹什么的都烧没了，只发现他的口袋里装着一些方糖，因为方糖被压在死者身下，所以没被烧化。”

“失踪人口的调查结果呢？有没有符合死者特征的？”

“有三个人。第一个是喜欢骑马的保险推销员，周末去骑马后就再也没回去。第二个是卖马票的快餐店老板，晚上带着很多现金出去之后下落不明。第三个是赛马报的记者，和朋友去蒸桑拿，之后就去向不明了。”

“他们三个人都是单身吗？”塞缪尔似乎对这起案子很感兴趣。

“是的，所以没法详细了解他们。因为这三个人的年龄、身高甚至血型都一样，在近十年中也都没有接受过牙齿治疗，所以我们才感到很棘手啊。”安格斯用带有期望的眼神看着塞缪尔，似乎期待着他能给出死者身份的正确解释。

塞缪尔思考了一会儿，说：“我知道死者是谁了。”

那么死者究竟是谁呢？

一般人在出门的时候不会装方糖，如果是自己吃，也不会直接装在口袋里，三个人都和马有关，但只有爱骑马的保险推销员可能会去喂马，另外两个都不可能，所以死者就是他。

伪钞风波

晚上十二点左右，夜班的酒店服务员发现抽屉里的现金中有一张 100 美元的伪钞。警察赶到现场向服务员了解情况。“你记不记得这张 100 美元的钞票是谁给你的？”“具体是谁记不清了，我只记得有三位客人在今天晚上给过我 100 美元的钞票，目前他们都还在酒店里。”警察赶快接着询问，“你能肯定？”“我对钱的事记性特别好，马克先生给了我一张 100 美元和 23 美元零钱。斯考特先生给了我两张 100 美元和一张 50 美元。海琳娜女士给了我四张 100 美元和 10 美元 5 美分的零钱。”

警察听完服务员的话，若有所思地说：“如果你说的都是正确的，那我想我知道谁是给出伪钞的人了。”

你知道谁是使用伪钞的人吗？

案例分析

服务员在清点核对的时候很容易就分辨出了伪钞，在收钱的时候却没有注意到，是因为在清点时是很多钱一起点，有了对比，就很容易发现不一样的那一张伪钞。这说明服务员在收钱的时候，那张伪钞是单独给出的，所以服务员没有发现。马克就是给出伪钞的人。

西蒙之死

西蒙在自己的摄影工作室里被杀。警察到达现场的时候，发现他的手被玩具手铐反绑在椅子后面，脚上也绑着绳子。他嘴里被塞着毛巾，眼睛倒是没有被蒙上。在他正对面的椅子上固定着一把手枪，扳机上系着长绳，穿过吊灯连到地上的水桶中，水里系着一块石头。经检测发现，桶里曾放过一个大冰柱，冰柱上系着那块石头。

警察推测，随着冰柱的融化，石头开始下沉，绳子拉紧，扣动了扳机。死者没有被注射过安眠药，而是被一枪直接击中头部，当场死亡。发现尸体的是大厦管理员，据他说，西蒙是个性格很好的人，从不与人结仇。

警察调查发现，西蒙的妻子有个情人，她完全有动机对西蒙下手，除掉阻碍她和情人在一起的西蒙。西蒙的妻子说，案发当时她正在旅馆和情人幽会。但是警方认为她的情人有可能为她作伪证。

保罗警长坐在椅子上，自己给自己戴上手铐，想尽办法从椅子上逃脱，但无济于事。突然他身体一晃，连人带椅子一起向后倒下。他躺在地上高兴地说：“我知道真相了！”

到底是怎么一回事呢？

案例分析

保罗警长正是用了类比的方法，亲身体验西蒙被绑住的感受。当时西蒙

没有被麻醉，也没有被蒙住眼睛。在睁着眼睛的清醒状态，西蒙只需连人带椅子稍稍往旁边蹭一下或者向后倒下就可以躲过这致命的一枪，但是西蒙没有，说明他其实是自杀的，这一切都是他自己设计好的。他这样做的目的就是让自己出轨的妻子遭到怀疑。

说谎的报案人

一天晚上，菲利普在自家窗前的书桌上看书，突然他被人用棒球棍从背后袭击身亡。警察到达现场的时候，书桌上的台灯还亮着，窗户紧闭。报案人是住在对面公寓的昆汀，他对警察说：“当时我从房间的窗户往外看，无意间看到菲利普房间的窗口前有个举着木棍的影子，我感觉可能有事发生，所以就赶紧给你们打了个电话。”警察中有一个业余手影爱好者，他立即发现报案人话中的漏洞，断定他在说谎并将他捉拿归案。

警察为什么会断定昆汀在说谎呢？

报案人昆汀描述的场景很像手影，有光源、姿势、幕布，这样才能在相当于幕布的窗口看到凶手举起木棒的影子。但是现场的光源也就是台灯的位置是在被害人和窗口之间，所以不可能把站在被害人身后的凶手的影子完全照在窗户上。

宾馆纪念品被偷事件

当警报器响起来的时候，清洁工正在大厅里擦拭电话。被盗的是在展柜里所放置的宾馆 80 周年的珍贵纪念品，有一些邮票、硬币。经济价值不那么高的照片和名人签名与玻璃混着散落了一地。

在附近经理发现了三个可疑的人，他请三个人在大厅暂且等候警察的到来。

“那位看书的女士非常配合我们的要求。她说她刚刚吃完晚饭，我请她在这里稍等一下的时候，她立刻就同意了。”经理向警察叙述警报器响起前后的情况。

“站在沙发前的先生说他来到前台是给他妻子拿几片头疼药，我请他暂时留下后，他用投币电话和妻子说了一声，我在旁边听到他让妻子不要着急。”

经理又指着穿着不怎么讲究的一位男士说：“这位先生刚从酒吧里出来，服务生拒绝再给他酒，所以他在这里闲逛，我们找到他时，他正准备坐电梯走呢。”

警察听完经理的描述，自信满满地说：“这里面有一个人的嫌疑很大，我们要把他带回警局去审问。”

警察要带走的嫌疑人是谁呢？

到前台来给妻子拿头疼药的先生用投币电话给妻子打了个电话，但是前台明明就有内线电话，他非要用投币电话，应该就是在转移赃物。后来电话公司的技术人员将电话打开，发现里面真的有一枚珍贵的硬币。所以他就是那个小偷。

聪明的浅田

日本古代有一种法律，就是政府会不定期发布“德政布告”。这个布告一出，人们的借贷关系就宣告废除。这种法律的出发点是帮助穷人，实施起来却暴露了更多的问题，所以人们慢慢地开始不完全按照这种律法来执行。有一天，一个外地人来到小镇上，借住在一家旅馆里，因为一直在山路上行走，外地人并不知道“德政布告”已经公布的事情。旅馆的老板很喜欢武术，正巧外地人为了防身带了一把非常漂亮的刀，老板就向外地人借刀看，外地人爽快地同意了。于是店主到店外的空地上开心地操练起来，

过往的人看到店主用刀用得出神入化，纷纷驻足观看，大声叫好。也不知是谁说了一句：“刀虽好，可惜是别人的。”店主听了，大喊一声：“谁说这把刀不是我的？”外地人在楼上听到了这句话，赶快跑下来索要宝刀，但是店主指了指路边贴的“德政布告”。

虽然人们已经不完全遵守“德政布告”了，可这还是现行的法律，店主不肯归还，外地人也无处说理。在人群中有个孩子叫浅田，他对店主说：“执行德政布告是应该的，不用把刀还给外地人了。”店主听了很开心，外地人听了沮丧不已。浅田又转过头对外地人说了一句话，外地人听了立刻变得非常开心，店主却大惊失色，连忙对外地人说：“我愿意归还宝刀。”

你知道浅田是怎么说的吗？

聪明的浅田运用了类比的思维方式。刀的确是外地人借给店主的，但是店主也让外地人借住在自己家的客房里。浅田对外地人说：“不必难过，店主不是将一间客房借住给你了吗？现在德政布告公布了，你可以不将客房归还给店主了，一把刀换一间房子不吃亏。”一间房子要比一把刀贵多了，所以店主听后，忙将宝刀还给了外地人。

一秒拆穿谎言

晚上十点左右，特里在家里被人谋杀，调查结果显示很可能是泰勒干的。

警察们立刻驱车赶到泰勒家里，还没敲门，泰勒就牵着自己的狗出来了，似乎要去遛狗。警察立刻用枪对着他，叫他把手举起来。泰勒没有办法，只好扔掉狗绳，举起双手问警察：“我到底犯了什么罪？你们可不要冤枉好人。”警察回答说：“有人看见你昨天晚上杀死了特里。”“什么？特里死了？可是凶手绝对不是我啊，我昨天晚上八点多才从洛杉矶开车回家，现在到家还不到五分钟。”泰勒话音还没落，他的狗就跳到了汽车的引擎盖上，大声地朝警察叫。

警察看了看手表："从洛杉矶到这里有六百多英里的路程，你只用了十三个小时？""警官，我这可是最新款的跑车，它真的办到了！"泰勒炫耀起自己的跑车。警察说："谎言更加说明了你的心虚！跟我们回警局问话！"

警察是怎么看出泰勒在说谎的呢？

警察运用类比思维，将汽车跑了十多个小时和电视开了好几个小时做类比。电视长时间开着会发热，汽车如果开了十多个小时，引擎盖应该很烫，但是泰勒的狗能在车盖上朝警察大叫，说明泰勒没有从洛杉矶开车回来。他的谎言更证明了他心虚，所以他是杀害特里的重大嫌疑犯。

恐怖袭击的武器

警察局得到情报，说恐怖分子再一次准备发起大规模的恐怖袭击，登陆地点就在纽约。恐怖分子要发动袭击，一定会向纽约运送大量的枪支弹药。

得到报告后，警局立即在纽约市附近的海域加派人手，日夜不断地巡逻。特伦斯警探也和自己的助手化装成渔民，在各个港口和码头之间来往，终于，在一座码头上他们发现了一些异常。码头上停有几只刚卸完货的船，随着海浪摇摆，一只船出现了一些怪现象，于是特伦斯警探带着助手上船检查。他拿出了自己的警官证，对船主说："我们是警察，现在要对你的船进行例行检查。"船主显露出生气和不耐烦的神情。特伦斯警探和助手搜查了船舱，但什么也没找到。可是直觉告诉特伦斯，这艘船一定有问题，他让船主掀开船的甲板，船主明显开始惊慌了，转身就跑，特伦斯警探立刻追过去将船主抓住，随后掀开了甲板，果然发现了大批的武器弹药。

特伦斯警探是根据什么判断出这艘船上有异常，藏着大批量武器的呢？

在码头停着的船应该是已经卸完货的船，在海上巡逻了好几天的特伦斯警探有了经验，知道卸完货的船自身重量是比较轻的，在当时的大风浪里会摇晃得很厉害，但是这艘船的摇晃程度很小，可以看出是有问题的。当特伦斯警探上船搜查后，发现船上果然没有货物，那么和那些轻的船类比，这艘船晃得不那么厉害的原因就是它上面还藏着一些没找到机会卸的货，这些很有可能是违禁物品。结果证明特伦斯警探的直觉是对的。

第六章

福尔摩斯大师法：

形神思维：戳穿对方的“高明”谎言

第一节

福尔摩斯告诉你，如何使用形神思维

即便重复一千遍，谎言还是谎言

三人成虎，意思是说三个人一起谎称有老虎，听的人就信以为真了。这个词形容的是谣言的力量。但是谎言说了一千遍，还是谎言。

在推理或破案的过程中，有些嫌疑人也会说谎，我们要练就分辨真话与假话的能力。一起来看下面这道推理题：

在一个炎热的夏天，气温超过33℃，一辆长途汽车刚刚到站，只听有人说："李警官，您要去旅行吗？"叫她的人是郑洁，案件的一位重要证人。"不，我是来接人的。"李警官回答。"真巧，我也是来接人的。"郑洁说。说着，郑洁从包里掏出一块巧克力，掰了一半递给李警官："还没吃午饭吧？来吃点巧克力。"李警官接过巧克力放在嘴里，巧克力硬邦邦的，这时，李警官突然想到什么，严肃地对郑洁说："为什么要撒谎？你分明是刚刚从汽车上下来的，为什么要骗我说你也是来接人的？"郑洁反问道："你怎么知道我刚下汽车？你看见了？""不，我没看见，但我知道你在撒谎。"李警官自信地说。

李警官为什么这么肯定郑洁在撒谎呢？

当天的气温已经超过了33℃，如果郑洁是在长途汽车站等人的话，高温下，巧克力肯定已经化了，但是李警官吃巧克力的时候发现巧克力还很硬，说明郑洁刚从空调车上下来，所以李警官断定郑洁在说谎。见微知著，从细小的观察中就能够确定对方有没有说谎，这是一种通过锻炼可以得到

的能力。思维方式也是一样，多去想，多锻炼，自然就能更轻易地发现漏洞和破绽。

我们再来看一类经典推理题：

有一个人想去诚实国，诚实国的公民只说真话。在诚实国附近有一个说谎国，说谎国公民只说假话。当这个人走到了诚实国和说谎国的分岔路口时，遇到一个路人，但是他不知道这个路人是诚实国还是说谎国的公民，他怎样只问路人一个问题就可以判断出诚实国是往哪条路走的呢？（路人只能回答是或不是。）

他可以问路人：如果我走左边这条路，能到你们国家吗？如果路人回答是，就走这条路，如果回答不是，就走另外一条路。因为如果左边是通往诚实国的，如果路人是诚实国的人，他会回答是；如果路人是说谎国的人，他也会回答是。如果左边是通往说谎国的，如果路人是诚实国的，他会回答不是；如果他是说谎国的，也会回答不是。

有甲、乙两个人，甲每逢星期一、星期三、星期五说谎，乙每逢星期二、星期四、星期六说谎，其余日子都说实话。有一天，丙遇上甲、乙。甲、乙同时和丙说：“前天是我说谎的日子。”那么当天是星期几？

在一星期的七天中，实际上两个人没有任何一天是会同时说谎的，所以他们一定有一个人在说谎，那就排除了星期日，因为星期日两个人都会说实话。如果是星期一的话，星期一的前一天是星期六，在星期六甲说实话，乙说谎话，但是星期一是甲说谎话，乙说实话的日子，所以甲会说星期六是他说谎的日子，而乙会说星期六也是他说谎的日子。所以这天是星期一。

坚定地站在真理这边是我们每个普通人必须要做到的，想要做到这点，就得先学会识别谎言，才能戳穿谎言，站在谎言的对立面。另外，我们要坚定自己的立场，即使谎言被说了再多遍，我们也不能向它屈服。

他在刻意回避什么

在美国历史上，林肯是一位颇有声誉的总统。他在担任总统之前，曾经当过一段时间的律师。有一次，他得悉亡友的儿子小阿姆斯特朗被控谋财害命，并已初步被判定有罪，于是就以被告的辩护律师的身份，提请法院查阅了全部案卷。阅后，他要求法庭复审。

复审开始了。这个案子的关键在于：原告方面的一位证人福尔逊发誓并提出证据说：某天（相当于我国农历九月初八）晚上十一点钟，他清楚地目击小阿姆斯特朗在月光下用枪击毙了死者。按照美国法庭的惯例，作为被告辩护律师的林肯和作为原告证人的福尔逊进行了一场面对面的对质。

林肯："你发誓认清了小阿姆斯特朗？"

福尔逊："是的。"

林肯："你在草堆后，小阿姆斯特朗在大树下，两处相距二三十米，能认清吗？"

福尔逊："认得很清楚，因为月光很亮。"

林肯："你肯定不是从衣着方面认清的吗？"

福尔逊："不是的，我肯定认清了他的脸蛋，因为月光正照在他脸上。"

林肯："你能肯定时间在十一点钟吗？"

福尔逊："充分肯定。因为我回屋后看了时钟，那时是十一点一刻。"

林肯问到这里，转过身，发表了辩护演说："我不得不告诉大家，这个证人是个彻头彻尾的骗子。"

林肯凭借这个案子一举成名，他发现了这名主要证人的证词中存在逻辑破绽。福尔逊的证词中提到了案发时，月光正照在小阿姆斯特朗的脸上，所以他确定凶手是小阿姆斯特朗。但是那天是上弦，晚上十一点时，月亮早就下山了，所以福尔逊不可能看清有月光照在小阿姆斯特朗的脸上，由此可以证明，福尔逊是在说谎，他的供词不可信。

在一个案件中有可能存在一个人或者多个人说谎的情况，他们说谎的原因也是不一而足，有可能是为了掩盖罪行，也有可能是和案件中的原告或

者被告存在利益关系，我们只有仔细分辨每个人的证词，辨别真实的部分和虚假的部分，才能最终还原真相。

七月的一天下午，某镇派出所突然来了一位中年妇女，哭着对民警说有人要强奸她。

这名妇女说，下午三点左右，在村里水稻田的坝埂处，村民小组组长满身酒气，企图强奸她。她奋力反抗才夺下对方的包作为证据跑来报案。民警找到组长调查情况，他却说这是恶人先告状，之所以妇女抢了他的包，是因为包里有刚收的水电费，妇女认为她家的地不好，村里就不该收水电费，以此作为补偿。因此，两人起了争执。组长还强调当天自己并没有喝酒。

民警经过了解发现，组长不但上午就喝了不少酒，而且在案发前一个小时，还在一位村民家里喝了两杯。还有另一个问题，组长说他被抢的包里有2000多块钱的水电费，有票据为证，但公安人员数来数去，发现只有300元。

公安局认为组长构成强奸未遂证据确凿，向检察院提请起诉。但是开庭当天，几位证人突然出现，并说当时他们就在离案发地不到100米的地方，组长确实没有强奸迹象。

最终，市人民法院认为，组长说了假话以及证人证明“他们正在厮打”这些证据与强奸未遂并没有直接的因果关系，而且通过调查，证人们的证词具有可信性。判决结果是证据不足，组长被无罪释放。

案件中的两个当事人的陈述中都有撒谎的部分，妇女为了交水电费的事情气不过，所以污蔑组长意图强奸，组长怕别人说他酒后乱性就撒谎说自己没有喝酒，而且想讹妇女一笔，就说包里有2000多块钱。公安机关调查的过程也是辨别的过程，这些谎言最终都被识破，真相还是浮出了水面。

别眨眼，我知道你内心的秘密

很多人在日常生活中会说谎，可以说，他们生活在一个“充满谎言”的世界里。很多谎言无伤大雅，有些是善意的谎言，有些是为了礼貌或者让对方舒服而说的，但是对于恶意的欺骗，我们绝对不能轻易放过，这就要求我们增强自己识别谎言的能力。一个人的嘴巴会说出谎话，可是他的细微表情有可能会出卖他，我们可以一起来总结一下说谎者的一些表情。

第一，说谎者的手势和眼睛会朝向相反的方向，如某人在否认自己和他人有关系的时候，眼睛看着自己的左前方而手却指着右面。这是因为他为了编造谎言，大脑正在飞速旋转，肢体动作跟不上大脑的节奏。

第二，当人们的眼睛向左上方看的时候，往往是在视觉上构建图像，也就是在编造一些事情，而向右上方看的时候，是在视觉上回忆图像。此外，向左看是在进行听觉建构，向右看是在进行听觉回忆，向左下方看的时候是在回忆之前的触觉、嗅觉，向右下方看是在和自己对话。如果讲话的人是左利手，所有的方向就都是相反的。

第三，不经常说谎的人在说谎后会有目光闪躲，不敢直视对方眼睛的表现，但是经常说谎的人在说谎的时候会盯着对方看，他在观察对方是不是相信自己的说辞，而且由于高度集中注意力，眼睛常常会有干涩的感觉出现，所以往往这种时候，会比平时眨眼更频繁。

第四，当男人在做“我不想看它”这个手势时，往往会使劲揉搓眼睛，如果他试图掩盖一个弥天大谎，则很可能把脸转向别处，相比而言，女人更少做出摩擦眼睛的动作，她们一般只是在眼睛下方温柔地一碰。不过，和男人一样，女人们撒谎时也会把脸转向一边，以躲避听话人对其注视的目光。

第五，当两边的面部表情不对称的时候，这个表情极有可能就是装出来的。我们在对着镜子练习微笑的时候，可能心里并没有想要微笑的事情，也就是说，这个微笑表情不是发自内心的，这时你可能就会发现自己的左右嘴角不对称。而且，真正的微笑来得快，消失得慢，而伪装的笑容来得比较慢，并且不会调动眼部肌肉。

第六，说谎时，人身体里的血液会集中流到脸上，有的人整个脸都会变红，还会使鼻子膨胀几毫米。当然，通过肉眼观察不到鼻子是不是有变大几毫米的现象，但是说谎者会觉得鼻子不舒服，会不经意地触摸它。摸脖子也是一样的原理。

第七，在摇头之前有一瞬间的点头动作也说明他在说谎，因为真实的反应时间往往很短，难以捕捉，这就需要我们细心观察了。嘴角向下瘪也是撒谎的表现，这两个动作在撒谎者身上往往会连起来用。

第八，还有很多小动作可以说明对方在撒谎，如吞口水、甩动手腕、挠痒、双手紧握并摩擦等动作。吞口水是强烈的情感体现，说明心里认同某件事，但嘴上否认。甩动手腕可能伴随着手臂放在桌面，站立时双手指尖交叉或者自然下垂，同时带着小臂的自然摆动。挠痒这类动作多出现于在对方描述的过程中，示例性的动作很少而无意义的小动作增多的时候，挠痒是其中一种。双手紧握并摩擦是一种典型的自我安慰的姿态，是在自己并不完全相信自己所说的话的时候，打消自我疑虑的一种动作。

自有人类以来，我们就会说谎了，有人说谎就一定会有人揭穿谎言，掌握以上说谎时的小动作有助于我们更好地揭穿谎言。要相信，无论谎言多么完美，它一定会有破绽，因为真相只有一个。

四肢比语言更诚实

当人们说真话的时候，肢体上的动作和语言往往是协调的、自然的，这是出于内心意愿和语言的一致性，但是当我们所说的话并非完全出自内心中真实想法的时候，尤其是撒谎可能会付出比较大的代价的时候，我们的身体便会出现僵硬、做作的表现。所以如果我们善于通过分析肢体语言来识别谎言，那么大部分的谎言都可以被识破。

从肢体语言里面分析出来的信息一定是准确的吗？比如我们常说，交谈时眼神不自然或者经常眨眼是一种说谎的表现，但是如果有人就是习惯经常眨眼呢？这就运用到了之前本书中提到的“具体问题具体分析”原则。反映说谎的肢体语言有很多，我们要综合起来去考虑，不能仅考虑某一条。

有些人的确本来习惯去做的小动作偶尔会和肢体语言所反映的说谎的动作重合在一起，又或者在日常沟通过程中会故意摆出某种动作来干扰对方的判断，但是我们研究的重点是无意识的小动作，而且不止一个。人在交流的过程中无法用意识去影响所有的无意识动作，所以总有那么几个动作会暴露你的破绽。肢体语言的产生和信息加工的关系非常密切，从某种意义上说，肢体语言是大脑对人体内部感受和外部刺激的加工结果的直接表现，是真实可靠并且值得分析的。

下面我们就来说几个撒谎时的肢体表现：

1. 惊奇、害怕的表情在脸上超过一秒，表示这个表情是假装的，真实的表情都很短暂。

2. 生硬地重复问题是典型的撒谎方式，如“你去过他家吗？”“我没去过他家。”

3. 摇头否认之前有一瞬间的点头动作，和第一点异曲同工。在出现假装的动作或表情之前，人们往往会无意识地出现一瞬间的真实动作，摇头之前的点头就是真实反映内心的肢体语言。

4. 说话时一直把手放在裤兜里或抵着大腿说明很紧张，紧张的原因可能就是说了谎话。

5. 情绪不激动却气喘吁吁说明他有事隐瞒。

6. 说类似“我怎么会知道”的话时眉毛上扬说明知道答案。

7. 在叙述中不直呼其名，而使用代词，如“那个人”，在语言上拉开距离，通常是厌恶、试图隐瞒的表现。

8. 描述所发生的一连串的事情时，如果事情是编造的，他可以按虚构好的顺序说，却无法倒叙重复。发现某个人有可能在编造事实的话，可以让他将事情倒着叙述一遍。

9. 人说谎时，有时会下意识地退缩，这是不自信的表现。

10. 真正发怒时会突然大声说话同时伴随强烈的肢体语言，如果二者有时间差，则是假装的。

11. 话语重复，音调升高说明在说谎。

12. 说到某事时吞口水是强烈的情感体现，说明心里承认、认同某件事，嘴上却否认。

13. 说话时不停地转换时态通常是在说谎。

14. 咬下嘴唇也是说谎的表现。

15. 对别人撒谎时，别回答得太快，反应时间过短是致命的泄漏点之一。另外，有说错的地方要纠正过来，避免过多的眼神交流，要加入些不大相关的细节。

16. 人们在说谎时一般不会使用比喻。

17. 当人们被质问某事时，如果出现噘嘴的表情，说明被质问者被伤害了，若说谎则不会出现这个表情。

18. 当人们对自己所说的话没有信心时，音量就会下降。

19. 真正的愤怒会慢慢开始，逐渐形成，而假装的愤怒会突然爆发。

大家公认谎言是假的、虚无的，但是它的性质却有着善与伪、无意与故意的区别。就像有些建立在关心、理解、怜悯、尊重、善良基础上的谎言，可以增加感情和友谊、提升信任和了解。如果朋友带着一个小孩来见你，小孩长得丑，朋友自己说孩子丑，你就会说：不丑，长得多聪明伶俐啊。还有一些谎言可能是为了烘托气氛，让人惊叹，显示自己的学识等。在生活中，如果不是出于恶意的谎言，我们没有必要句句放在心上，去刻意找出它的破绽。

但是有些谎言是出于失职，出于厌恶，出于仇恨……对于这样的谎言，我们就有必要运用上面所说的撒谎时的肢体表现去揭穿了。在生活中、交际中如果能细心观察和对比，我们就不难识破说谎者的破绽了。

第二节 成功戳穿谎言的案例

不在场证明

在一个偏僻的郊区，独居的中年妇人被人发现死在家中。警察到现场调查后发现妇人是被谋杀的。她的侄子嫌疑最大，他可能是为了他姑姑的财产才做出这样的事。

中年妇人的侄子一表人才，斯文有礼，一点也不像杀人犯。当警察问他案发时在哪儿的时候，他立即拿出一张照片说，他当时在公园里，这是他请路人帮他拍的照片。照片中他身后的钟是三点，他边说边向后退了一小步。警察接过照片，看了一眼说，这张照片恰恰说明了你就是凶手。为什么侄子用照片来做不在场证明，反而成为罪证了呢？

案例分析

当警方问案发时他在哪儿的时候，他好像提前已经知道警方要问的问题一样，立刻将证据拿了出来，这点很奇怪。另外，他边说话边向后退了一小步，这是他下意识想逃走的身体反应，所以死者的侄子很可疑。在他拿出证据的时候，警察就要仔细看看这张照片有没有漏洞了，结果发现照片中他身上的西装口袋真的调换了位置，本来应该是在他的左边，结果跑到了右边，说明这张照片是左右颠倒的，那么钟上的时间就应该是上午九点。他的谎言恰恰证明了心虚，他就是凶手。

救命的心理暗示

爱丽丝的前两任丈夫都因病去世了，所以她继承了很多遗产，但是她一个人生活还是觉得很孤单。基诺向她求婚，所以她又再婚了。有一天，基诺出去办事，爱丽丝自己在家，她突然在报纸上看到一张很像自己丈夫的照片，再仔细一看，文章中说有个罪犯，专门骗有钱的女人与其结婚，然后杀死她们，将钱财据为己有，目前此罪犯在逃。爱丽丝看到这则新闻如五雷轰顶，原来基诺就是骗婚杀人的罪犯。

爱丽丝必须让自己保持冷静，她拿起电话报警，就在这时，她从玻璃窗里看到基诺回来了，已经走到院子里。她尽量放松表情，快速地说完自己的地址就挂了电话，然后若无其事地给基诺泡了杯咖啡。基诺喝了几口，说："这咖啡怎么这么苦？不喝了，咱们去收拾一下地窖吧。"爱丽丝知道他要动手杀她了，她必须拖延时间直至警察过来，于是她和基诺说："亲爱的，等一下，我想有件事你应该知道。其实……我第一次结婚后，给丈夫买了高额的人寿保险，然后在咖啡里下毒杀死了他，第二任也是一样。而你……"爱丽丝边说边指着基诺刚才喝的那杯咖啡。基诺吓得脸色惨白，他拼命地抠自己的喉咙，并尖叫着："怪不得咖啡这么苦，你……"爱丽丝淡定地说："我是在咖啡里下了毒，现在已经开始毒发，但因为你喝得少，还不至于马上死。"基诺因为受不了这种打击，一下晕过去了。

爱丽丝给基诺沏的咖啡并没有毒，为什么基诺还会晕过去呢？

爱丽丝使用的是心理暗示的方法，基诺接受了爱丽丝的心理暗示，不自觉地从心理影响了身体，所以被吓晕了，使爱丽丝等到了警察。暗示产生的作用有时是很奇妙的，爱丽丝运用心理暗示的方法不仅保护了自己，而且有力地回击了想再次作案的凶手丈夫。

藏起来的金条

大盗劳拉早就盯上了在卧铺车厢6号单人间的行李箱。凌晨两点，正是大家睡得很熟的时候，劳拉撬开了6号房间的门，偷走了主人枕头旁边的行李箱，里面装着大约30千克的金条。

行李箱的主人醒来后发现箱子被盗，立刻报告了列车员，乘警和列车员立刻将所有乘客叫醒，一一盘查。马上到此次旅程的第一站了，还要请车站的警察协助检查下车旅客所携带的物品。火车窗户是封闭式的，旅客无法自己打开，所以按理说，地毯式的搜查应该可以找到丢失的箱子。

劳拉下车时自然也不例外地被仔细检查，但是她很容易地通过了这一关，完全没有被怀疑。正当劳拉一身轻松地出站时，遇到了准备去旅行的安东尼探长，安东尼探长从车站警察那儿听说了金条被偷的事情，于是他决定放弃旅行，去找偷金条的小偷。安东尼探长走到劳拉身边说："手法不错，不过可惜你遇到了我，还是快带我把金条找回来吧。""金条？到哪儿去找啊？"劳拉说着，摸了下自己的脖子，安东尼探长说："金条就是你偷走的，别再撒谎了！"

安东尼探长是怎么知道金条是被劳拉偷走的呢？被偷走的金条又藏在了什么地方呢？

安东尼探长和劳拉早就打过交道，也知道劳拉是有名的大盗，火车上金条失窃的案件很有可能与她有关，于是故意说让劳拉把金条拿出来。劳拉做贼心虚，在否认的时候不自觉地摸了一下脖子，这说明劳拉很紧张，有说谎迹象，所以安东尼探长怀疑劳拉就是这次金条被盗事件的小偷。

劳拉偷出金条后走到车厢连接处，那里有块铁质的踏板。掀开铁板，里面是一块合成革。劳拉用刀子把合成革割开一个口子，把装着金条的皮箱从那里扔下去。等列车到站，她下车后，再回到铁道上把皮箱捡回来。

伪装的劫机者

我们会在电视新闻中偶尔看到恐怖分子劫机的事件，但是有时候的劫机原因却让你摸不透。一架飞机刚起飞不久，有一名男旅客惊慌失措地从洗手间走出来，对空乘人员说：“我刚才去洗手间的时候，发现镜子上竟然贴着一张纸条说飞机上放置了炸弹！这可怎么办啊？”他边说边急促地呼吸，似乎还流了汗。

其他旅客听到他的话，恐惧心理一传十，十传百，整个飞机上都乱了起来。空乘人员走进洗手间，果然发现镜子上贴着张纸，上面写着：“我在飞机上放了炸弹，你们必须听从指示，将飞机飞往丹佛，否则飞机将在20分钟后爆炸！”事态严重，空乘人员立即将此消息告知机长和地面人员，为了乘客的安全，机长不得不答应匪徒的要求，将飞机飞往丹佛。

到达机场后，特警立即上飞机进行搜查，发现飞机上并没有炸弹，只是虚惊一场。

请问，这名伪装的匪徒劫机的目的是什么呢？

首先发现纸条的那名男旅客在告知空乘人员这个消息的时候呼吸急促并流下了汗，这些都是紧张的表现，而人在真正恐惧的时候会感觉到冷，而不是热。另外，飞机上并没有炸弹，这只是有人虚晃一枪，想达到自己的目的罢了，从纸条中可以看出，其实他的目的就是去丹佛。但是他为什么要采取这样的方式，而不是直接买飞机票过去呢？可能是因为他没有足够的钱买到丹佛的飞机票，但是他又有非去不可的理由，而且很急，如家人生病了等。劫机者就是发现纸条的男旅客。

做证的石头

从前有一个年轻人，准备出一趟远门。临走时，他把自己所有的积蓄1万元钱放在一个老头那里保管。年轻人从外地回来的第一件事就是去找老头，想要回自己的钱，谁知老头装糊涂，说不记得帮年轻人保存过钱了。年轻人只好去法院告他。

法官把老头叫过来，问他到底有没有拿过年轻人的钱？老头大喊大叫，说自己特别冤枉。法官又问年轻人有没有证人？年轻人说没有。“那么你是在哪儿把钱交给这个老头的呢？”“在一块大石头旁边。”年轻人回答。法官对年轻人说：“你现在就去大石头那里，就说我要问话，把它给叫过来。”年轻人觉得自己遇到这么个糊涂法官，没什么希望要回钱了，他对法官说：“石头非常大，我自己没法将它抱过来，它自己又不会走路，怎么可能跟我过来呢？”这时，老头的嘴角闪现了不易察觉的笑，还轻轻挑了下眉毛。法官说：“你对它晓之以理动之以情，它会跟你过来的。”年轻人没有办法，只好去找那块大石头了。过了一个小时，法官对老头说：“怎么样？他走到大石头那儿了吗？”老头回答：“他现在差不多该往回走了。”又过了一会儿，年轻人回来了，他垂头丧气地对法官说：“大石头是不会跟我过来的，我只好自己回来了。”法官笑道：“诚实的年轻人，大石头虽然没有过来，但是它已经为你做证了，我一定会让这个说谎的老头把钱还给你的。”

法官为什么这么肯定老头在撒谎呢？

首先，在法官问老头有没有拿年轻人的钱的时候，老头大喊大叫，突然将音量提得这么高，是一种心虚的表现。其次，在法官让年轻人去将大石头带过来的时候，老头转瞬即逝的一笑正反映了他心里的真实想法，他将要拥有这笔钱了。最后，法官又试探了一次老头：在年轻人去找大石头的过程中，如果年轻人说的是假话，老头是根本不可能知道大石头的位置的，但当法官问老头年轻人是不是该走到大石头的位置时，老头却回答法官说

年轻人应该已经到了，这时候该回来了。说明老头清楚地知道大石头的位置。由此可知，年轻人说的是实话，老头撒了谎。

没有失主的钱袋

有个樵夫上山去砍柴，想用柴换钱给几个孩子充饥。在去往山上的小路上，樵夫捡到了一个钱袋，里面有 100 个金币。樵夫很想用这些钱来给孩子们买点吃的，但是最后他还是决定将钱还给失主。

按照当地的风俗，这个失主若是找回了丢掉的钱袋，应该给捡到钱的人 20 个金币作为答谢。但是这个钱袋的主人偏偏是个抠门的商人，他不想给酬谢金，于是他对樵夫说自己的钱袋里本来是有 130 个金币的，现在只剩 100 个了，剩下的金币应该是樵夫拿走了。两人来到法官处叙述了这件事，法官问樵夫：“你没想过如果有了这些钱就可以改变现在的生活吗？”樵夫回答：“我的妻子和孩子都在家等我卖掉柴换些面包回家，我是想过独吞这些金币的，但是我又想到金币的主人才是真正有权利使用它的人，所以就算我的家人一整天都没有饭吃，我也不会把捡来的金币据为己有。金币的事我没告诉我的妻子，就直接上山砍柴去了。我绝对没有偷拿这里的金币。”樵夫在说话的时候，商人一直在摸好像发痒的鼻子，等到法官问他：“你有什么想说的？”商人好像很紧张似的边晃边说：“法官大人，这人说的都不是事实，我这钱袋里原本有 130 个金币，只有他才有机会拿走那 30 个金币。”法官至此已经明白了事情的真相，他惩罚了贪心的商人，也奖励了诚实的樵夫。

法官是依据什么知道真相的？他又是怎么判决的呢？

案例分析

商人在说话的时候摸鼻子，还不断地晃动身体，这些都是说谎的表现，而且如果樵夫从钱袋中拿走了 30 个金币，那他为什么不全部拿走呢？法官为了惩罚狡诈的商人，对他说：“你有这么高的地位和财富，肯定不会为了这些钱而撒谎骗人，所以很明显，樵夫捡到的这100个金币的钱袋不是你丢的装有130个金币的钱袋。”然后又对樵夫说：“你把这个钱袋拿回家，等它真正的主人来取吧。”

失窃的艺术品

博物馆失窃了一批价值连城的艺术品。探长带领警员抓住了几名嫌疑犯，但是被盗的艺术品不在这几名嫌疑犯这儿。据他们供认，艺术品被一个农场主用大铁箱装起来，埋在石磨下面了。探长和警察冲进农场的时候，农场主的眼神里有一丝闪躲，朝晒谷场瞟了一眼。警察们把磨坊里的石磨挪开，在下面挖了一个很深的坑。探长跳进坑里，他看到坑壁中的泥土有一部分和别的地方不同。农场主一定是把铁箱转移了，可是转移到什么地方去了呢？探长想起他们刚来的时候农场主朝晒谷场瞟的眼神，立刻招呼警员们一起来到晒谷场并往土地上浇水。土地很快就把刚浇下去的水吸收了，颜色从浅到深，再到浅。直到有一处比其他地的颜色要深一些，探长叫大家停下，从这儿往下挖。这时再看农场主的表情，他脸色惨白，好像有什么害怕的事情要发生了。

探长是怎么知道铁箱埋在这里的呢？

探长发现农场主转移了赃物时，立刻想到农场主曾经惊慌地朝晒谷场一瞥，探长由他的肢体动作确定那里肯定是他转移铁箱的地方，在那里埋铁箱比在石磨下更安全，但是晒谷场非常大，要想把整块地全挖开不现实。所以重点就变成了分辨铁箱所在的具体位置。晒谷场都是干的泥土地，渗水一定很快，但是如果下面有个大铁箱，渗水的速度就会比其他地方慢很多，它上面的泥土积了水，颜色会比其他地方深 ，这就是探长快速找到艺术品的方法。

真假借款

西装店的老板找到法官说要状告旁边的面包店老板借钱不还，法官让他将事情详细描述一下。西装店老板说，在去年的一段时间内，因为面包店经营状况不好，面包店老板资金周转不开，于是向西装店老板借了5000美元，说好一年还清，但是眼看就要到时间了，面包店老板却不承认这件事。说着，西装店老板将两人当时签的借据拿出来给法官看。借据上写得明明白白，两个人的签名也都完好无损，除有借款双方的名字外，借据上还有另外两个人的名字，他们是借款的证人。法官让人把两个证人叫过来，让他们自我介绍一下。证人中的那个瘦子说自己是作家，胖子说自己是屠夫。他们都能证明面包店老板向西装店老板借过钱。

法官派人把面包店老板叫过来，问：“这借据上是你的签名吗？”面包店老板回答说：“根本没有借钱的事情，我怎么可能在这个上面签名呢？”法官让人找来纸和笔，让面包店老板在纸上写出自己的名字，面包店老板毫不犹豫、洋洋洒洒地写下自己的名字，写好后法官再拿过来和借据上的签名对比，发现字迹像是一个人的。法官偷偷看了一眼另外那三个人，他们脸上满是沾沾自喜的表情。

法官想了一会儿，用了一计，巧妙地找出了撒谎的人。法官是怎么做的呢？又是谁在撒谎呢？

案例分析

面包店老板知道法官要自己的笔迹是想和借据上的笔迹作对比，但是他没有一点慌张，没有一点犹豫，是问心无愧的表现。相比之下，另外三个人的反应就值得怀疑了，有说谎的迹象。法官想到一个办法来测试他们三个，他把三个人分别领到不同的地方进行询问，问他们借钱的时间是上午、下午还是晚上，这下他们三个傻了，说不出统一的时间。所以他们三个是在污蔑面包店老板。

慌张的用人

爱德华在自己的房间里睡午觉，一名用人悄悄跑进来偷东西，爱德华被声音吵醒，用人情急之下将爱德华刺死，而后想赶快逃离这个是非之地，没想到被听到动静赶过来的管家逮个正着。管家赶快报了警。

警察赶了过来，他们发现房子里的门窗都完好无损，没有外人进出的痕迹，管家说肯定是用人杀死了爱德华，用人却辩解说："不是我干的，我进来的时候就发现爱德华先生已经死了，于是想出去赶快报信，谁知你们过来了。我又没有刀，怎么能把他刺死呢？""那为什么你的神色那么慌张呢？"用人再次露出了不安的表情："怕你会怀疑我，所以才紧张的啊。"警察看到用人的表情，觉得很可疑，于是又仔细搜查了一遍房间，结果发现除爱德华身上有血迹外，被卷起来的被子上也有一小处血迹。警察环顾了一圈，屋子里除床、柜子、落地钟、书桌外没有别的家具。突然，警察指着用人说："你就是凶手，凶器就在房间里！"

为什么警察这么肯定呢？

如果是用人作案，那么他作案后就从没有离开过这间屋子，正如他所说，凶器是什么呢？可是用人心虚的表情还是出卖了他，警察又仔细搜查了一遍屋子，发现了被子上的血迹，这血迹应该是凶手杀了爱德华之后用被子擦凶器时留下的，也就是说，凶器仍然在屋子里，不然凶手没有必要将凶器上的血迹擦掉。屋里陈列的家具很简单，有可能作为凶器的只有落地钟的钢制指针了。后来经化验，上面果然有没擦干净的微量血迹和用人的指纹。

博物馆失窃案

一颗祖母绿宝石在博物馆里被人偷走，这颗有十一千克重的祖母绿宝石

可是稀世珍宝，如果被运出国，将会造成不可估量的损失。

天还没亮，警方就接到了报案，探长立刻带人到现场进行勘查。他们发现，小偷是早有预谋的，那么他们下一步的行动就是要转移宝石。探长立刻带警员们又来到了火车站，他们上了将要开走的一辆火车。火车刚开动不久，车厢里一阵骚动，他们来到人群中间的6号卧铺车厢，发现靠窗口处有一个两眼睁着的尸体，随身行李已经不见。探长猜测死者就是昨晚偷走宝石的人，他可能在作案后又被其他人盯上了，在火车上趁机杀死了他，抢走了宝石。杀人者应该还在火车上。

探长让车上的广播员广播询问车上有无医生，称6号车厢有人突然发病，请医生过来帮忙。好多人走到6号车厢想过来帮忙，这时，探长和乔装打扮的医生对过来帮忙的人说：“病人刚刚苏醒，他对乘警说有人要谋杀他。”这时，其中一名“医生”立刻转身回到自己的座位上，当那人从行李架上取下一只皮箱时，探长和乘警从他身后拍了拍他的肩膀，说：“先生，请跟我们去一下警务室。”那人被吓出了一身冷汗，身上一颤，皮箱掉在了地上。探长没有费太多工夫就让他交代了自己的犯罪事实。

案例分析

探长通过广播寻找医生就是要让罪犯自动现形，这是一个陷阱。当广播说6号车厢有病人需要抢救时，杀人犯立刻就坐不住了，他要去看看是怎么回事，当听说病人还没有死的时候，他害怕被认出来，所以转身就走，探长也正是从这点看出了杀人犯的慌张和反常举动。等探长过去要找他谈话时，他吓得手都软了，拿不住箱子，更可以确定杀人犯就是他，而他已经被吓得心理防线崩溃了。

第七章

福尔摩斯专家法：

辩证思维：在本质上认清事实真相

第一节

福尔摩斯告诉你，如何透过现象看本质

道听途说不可取

春秋的时候，齐国有个人叫毛空，他非常喜欢听那些没有根据的传说，然后把所听到的传说再津津有味地讲给别人。

有一次，他听到一只鸭子和一块肉的故事，觉得非常稀奇，于是讲述给一个名叫艾子的人听。毛空说："有一个人，养了一只非常能生蛋的鸭子，那只鸭子一天能生 100 多个蛋。"

他见艾子笑了，又说："有一天，天上掉下来一块肉，那块肉长有 100 米，宽有 30 米。"艾子笑着问道："真的吗？有那样长的肉吗？"毛空急忙说："噢，那就是长 60 米。"艾子仍然不相信，毛空又改口说："那块肉一定是长 30 米。"

艾子说："你所说的鸭子是谁家养的呢？你说的那块肉掉在了什么地方？"毛空支支吾吾地说不出来，最后只好说："我是在路上听别人说的。"

这个故事是说，千万不要将听到的一些没有根据的言论再传给别人，不然，一件本来没有的事情，也会被传得像真的一样。在任何时候都不要轻易相信没有根据的言论，更不要不经思考就传播给他人，在听到一个信息的时候，我们要冷静对待，透过表象的信息，看到这件事的本质。

这些年，网上总有名人"被传死亡"的虚假信息流传。首发者大多不会透露其消息来源，显然也没有向家属求证。奇怪的是，媒体热衷于转发这类假新闻，但这则消息被否定后，他们却不愿意跟踪澄清，而是听任谣言继续被四处传播。类似事件让许多民众深受其害，但是媒体似乎并没有从

中吸取教训，仍然我行我素。

在媒体看到这类消息的时候，没有第一时间去分析信息的真实性，而是盲目转发，这已经是对公众的不负责任，在假新闻被澄清之后，有些媒体仍不向大众澄清并道歉，就太说不过去了。

在好多明星“被传死亡”的这个背景下，如果又一次出现某名人死亡的消息，我们应该先思考，透过现象去总结这类事件的本质是什么，以防下次再出现类似事件。我们无从得知消息来源是什么，无论是借此炒作，还是误信传闻，都应该总结经验教训，时刻牢记道听途说不可信，不要成为谣言散播的助力者。

专家说的一定对吗

专家指的是在学术、技艺等方面有专门技能或专业知识的人。闻道有先后，术业有专攻，不可否认，比我们进行了更多研究的专家的确在某方面是有一定权威的，但是这能说明专家说的话一定是对的吗？

专家也是人，不是神，是人就会出错。我们对于专家的一些看法或者预测，不可全信也不可不信，还是要用辩证的思维去看待，多方采取建议，综合考虑，透过现象看本质。

侦探在面对案件的时候同样需要透过现象看本质。

初春某日，在公堂上，知府大人审理一件凶杀案。知府问道：“堂下何人？到这大堂之上所为何事？”堂下之人回答道：“回大人的话，小人名叫马文，家住城东头。小人有一户邻居，丈夫外出经商多日未归，妻子名叫姚梦，昨夜被盗贼所杀，故小人来报案。”

知府问道：“可有证据？”马文说：“有。昨夜下雨，今早我在泥里捡到一把扇子，扇子上写赠予李庆。”知府说：“可是那个臭名昭著的采花大盗李庆？”“正是。”马文回答。知府大人这下可为难了，按理说人证物证俱在，现在该去捉拿凶手了，可是这个李庆神通广大，朝廷通缉他很长时间了，还没有被逮到，一个小知府更不能奈何他了。

正在这时，旁边的师爷向知府大人低语了几句，知府立刻喜上眉梢，拍了下惊堂木，说道："大胆马文，自己杀了人，竟敢栽赃别人。"

知府大人为何这样说呢？

这个案子表面上看证据确凿，实际上却有很多疑点。师爷听到并分析了马文描述中的漏洞和这件事的本质。初春时节，天气尚冷，是用不到扇子的，尤其案发时正在下雨，凶手既然是在一个下雨天行凶，更没有理由带扇子过去了，所以报案的马文是在说谎，他很可能是凶手。

一个正方体，无论从哪个角度去观察，你最多只能看到三个面。就像有些事物是具有多面性的，单独从一个角度去观察，很难具体地了解和明确事实真相。只有多换几个角度去观察，才能了解得更加全面。看人看事都是如此，全面了解才能看到本质。时刻保持一种严谨的态度，仔细分辨眼前出现的人和事物。要冷静观察，不要大谈经验主义，不要麻痹大意，对某些事情更不要视而不见。在很多司空见惯和习以为常的事情背后，都存在着这样那样的危机或转机。所以，要学会以不同的角度来观察事物，不要只听专家的一面之词。

别因同情他人被骗

清朝末年一些没落的八旗子弟特别喜欢"碰瓷"，平日里这些人手捧一件赝品瓷器，行走于闹市街巷，然后瞅准机会，故意让行驶的马车"碰"他一下，他手中的瓷器随即落地摔碎，于是瓷器的主人缠住车主按名贵瓷器的价格要求赔偿，对赶时间的人进行讹诈。久而久之，人们就称这种行为为"碰瓷"。经过了几百年，我们有时会在新闻里看到年迈的老人假装被车撞了，让车主赔偿巨额医药费。这些老人就是利用人们的同情心犯罪。

某天晚上，一名女生在学校附近走路的时候，一名老奶奶抱着小孩说，她带孙子来这里找爸爸，刚下火车行李就被人偷了，也联系不到孩子的爸爸，求女生给五块钱买碗面吃。校园里的学生大多单纯善良，他

们看到这样的场景时，同情心占了上风。尤其老奶奶又接着说，我们不是骗钱的，我不要你的钱，就麻烦你陪我们到前面的小店里给点吃的。这就更让人觉得她不是乞讨，而是真的饿了。但是这个女生看了看老奶奶所指的那家店在一个隐蔽的黑胡同里，而且自己也没注意到以前那里有家小店，于是女生掏出十块钱直接给了老人，让她自己带着孩子去吃，老人坚持不要钱，非要拉女生去店里。女生觉得情况不对，赶紧跑回了学校。第二天，听说学校有同学失踪，让其他同学最近注意安全，女生这才觉得自己逃过了一劫。

这就是典型的利用学生的同情心拐卖人口的案件，这样的骗术屡屡成功不禁让我们心痛不已。但如果冷静理智地分析这件事情，我们还是能发现漏洞的。学校离火车站并不近，既然老人一下火车就被偷了，那她是怎么来到学校这边的呢？走过来的吗？暂且不说距离的远近，单说动机，她为什么要到学校门口来要碗面呢？如果只是为了填饱肚子，最好是在火车站附近，因为那里人多，可以帮助她的人也多，还可以等孩子的爸爸。火车站附近一般有警察，还可以找警察帮忙。另外，虽然是晚上，但是学校门口来来往往的人也并不算少，为什么老人要找独行的女生呢？旁边也有三五成群的学生。她的这种行为让人很不解，除非她的目的不是吃面，而是要将女生带到偏僻的店里，然后进行违法行为。

这样的事件虽然少见，但我们也要警惕。所以，我们不要让同情心蒙蔽了理智，遇事先分析再做决定。

事实上，我们也不应该将这些错误归咎于同情心。同情心是我们人类高尚的、值得赞美的一种美好的心理，我们不该为了怕被骗、被利用而摒弃它，重点是我们要在有同情心的同时保有理性，发现不合理之处时，保护好自己冷静地寻找真相，别因同情他人被骗。

因为是你说的，所以不成立

大部分情况下，如果我们喜欢的人说了某句话，我们很可能会赞同；如果我们厌恶的人说了某句话，我们很可能会反对。如果从根源上我们不接受说这句话的这个人，无论他说什么，我们都会持反对意见。如果你在说某件事的时候，注明这是希特勒说的，那么估计很少有人可以接受这句话并当众赞同。

但是事实上，再坏的恶人也有可能说过一些正确的话，再伟大的人也有可能说过错话，就像你家的宠物猫在键盘上乱按，也有可能打出两个正确的字来。所以“因为是你说的，所以不成立”这句话本身在逻辑上就是错误的。

在调查案件的过程中，也许会涉及证人是有前科的人，或者案子的关键人物是个让人讨厌的人的情况，这时，我们的本能可能会让我们拒绝相信他们的话，但实际上，我们应该做的是仔细分辨他们到底有没有说谎，透过表面看本质。希特勒曾经也非常重视道路安全，不管希特勒在其他方面怎么样，重视道路安全这件事本身是没有错的。

第二节 成功认清事实真相的案例

死者的指纹

警局接到了一家豪华酒店的报警电话，称客房里发生了凶杀案，摩斯探长带领警员很快赶到了现场进行勘查。

摩斯探长首先询问发现尸体的服务生：“门内侧的钥匙孔被插了一把钥匙，当你发现尸体时，有没有用手摸过这把钥匙？”服务生回答说：“没有，我来的时候，发现门是反锁着的，打不开，我是从窗户爬进去的。”摩斯探长立刻安排手下查验门内钥匙上的指纹，经过对比发现，钥匙上的指纹和死者的食指指纹完全相同，于是探长得出结论，是死者自己将房间门锁上然后自杀的。

可是几天后，摩斯探长突然说，他之前的判断是错的，死者不是自杀。

你知道问题出在哪儿了吗？

这是一个很难发现的漏洞，我们想当然地认为钥匙上出现死者的食指指纹，就是死者自己将门锁上的。但是仔细回想会发现，开门时，需要用大拇指和食指第二个关节的侧面夹住钥匙才能拧动，这样的话，钥匙上出现的应该是大拇指的指纹。案中钥匙上的食指指纹应该是凶手将死者的指纹印上去的，而现场有第二个人出现过，所以是他杀。

地下室里的保姆

詹德利在城市郊区有一栋别墅，平时上班的时候他住在市里，等到周末就回到郊区的别墅。一般情况下，他在周五上午乘车回去，大概在中午十二点到家。可是有一个周五，詹德利有一个大客户需要应酬，他和客户喝完酒都已经是晚上了。詹德利回到郊区别墅的时候已经快晚上十二点了。

他一进别墅就听到在地下室里的保姆正在喊“救命”。于是他立刻砸开地下室的门，救出保姆。保姆对詹德利先生说：“先生，不好了，有一伙人把您的财产都拿走了，说要赶晚上十二点的飞机去巴黎。现在已经快到时间了，您再不追就来不及了。”詹德利一听自己的财产被抢，紧张得不得了，赶紧报了警。警方很快赶到了别墅，勘查现场后发现了一只手表。警察问保姆：“案发时你一直戴着这只表吗？”保姆回答：“是的。是这样的，今天上午有一群劫匪闯进来，他们给我吃了一粒类似安眠药的东西，然后我就失去知觉了，醒来的时候发现詹德利先生已经回来了，于是我赶紧喊救命。”警察听了保姆的回答，断定她也是劫匪之一。

警察是怎么确定的呢？

案例分析

很多人听了保姆的话第一反应可能是去追劫匪，但是保姆说的话一定是真的吗？警察就在保姆的话语中发现了破绽。假设她说的有绑匪闯入以及强迫她吃下安眠药是真的，那么她在没有窗户的地下室中醒来，就无法知道外面是白天还是黑天。按照惯例，詹德利先生一向是中午十二点左右回家，保姆却知道当时快到晚上十二点了，还让詹德利先生立刻去追劫匪，说明她是在说谎，劫匪和她脱不了干系。

谁偷了粮食

一天早上，派出所的王所长刚到单位，就碰到了慌慌张张来报案的老李。老李是他们村勤劳致富的典范，今年他家产的粮食量又是全村第一。王所长问老李："这么急，是出了什么事吗？"老李上气不接下气地回答："我们家的粮食被偷了，王所长，您可得帮我查出是谁偷的啊。"粮食被偷，对于这个穷山村来说可是件大事，被偷的粮食是老李全家一年的指望。王所长赶快说："别急别急，我这就随你去你们家粮仓看看。"

到了粮仓，王所长没发现什么线索。见王所长不说话，老李又着急了起来："王所长，怎么样，偷我们家粮食的是谁呀？"王所长什么也没说，只是摇了摇头，然后自顾自地在粮仓附近仔细地看着什么，老李也亦步亦趋地跟在后面。王所长发现，粮仓附近的草地上，路左边的草断断续续地比右边的草短了一些。于是他信心十足地对老李说："走，到村里抓贼去。"

他们到了村民刘明的家里，王所长看到他家院子里拴着一匹独眼马，便认定老李家的粮食是被刘明偷走了。

王所长是根据什么判断出来的呢？

老李家丢失的粮食很重，想要偷走必须得有交通工具。王所长顺着这个思路找线索，发现粮仓前面的路上，只有左边的草被吃了，右边的完好无损，说明拉车的牲畜右眼看物体是不方便的，正好刘明家的独眼马符合这个条件，所以他有重大嫌疑。

闹钟的功劳

一天晚上，维特探长外出办事，小偷朱莉潜进了探长家中，想要安装窃听器。她选择了在没有窗户的卧室安装，因为这样在开灯的时候从外面看不到灯光。朱莉开始在床头柜处安装，谁知正在这时，听到了用钥匙开门的声音，好像是维特探长回来了，朱莉心里慌张起来，赶忙去把灯关掉，然后藏起来。很快维特探长就到了卧室，朱莉在黑暗中听到维特探长说："谁在那儿？"随即探长把灯打开了。朱莉见在这个小房间里也藏不住了，只好出来了，"你好啊，维特探长。"朱莉满脸不在乎地说。探长说："原来是你啊，你在这儿干什么？"朱莉没有回答探长的问题，而是先问出了自己心里的疑惑："你是怎么知道有人在房间里的呢？"维特探长笑了笑，指着桌子上的闹钟说："是它告诉我的。"

案例分析

维特探长刚进卧室时，按理说所看到的景象应该和平时并无不同，那么在这种表象之下，他是怎么知道有人在房间里的呢？我们来回想一下朱莉进入探长家之后做了些什么：开门，开灯，安装窃听器，关灯躲起来。显然，开门和安装窃听器和闹钟都没什么关系，但是闹钟上有荧光物质，朱莉打开灯后，闹钟吸收了部分光，关灯之后闹钟还可以亮一会儿。而维特探长从进门到卧室的时间很短，所以在黑暗中可以看到自己的闹钟亮着，就知道有人刚刚关掉灯，所以那人还在房间里。

兄弟之死

小庆和小豪是同父异母的兄弟，在父亲去世之后，两人因为争遗产的事情反目成仇。

有一天，小庆打电话给小豪，说想要和他好好谈谈，小豪也认为他们应该好好谈谈，于是兄弟二人就约好第二天在小庆家里见面。

第二天，小豪如约而至，小庆打开了一瓶啤酒，想着兄弟二人边喝边聊。他从冰箱里取了点冰块放在杯子里，然后倒上了酒。在夏天能边喝冰啤酒边和兄弟聊天也不失为一件乐事，可是小豪有点犹豫，他担心小庆在酒里下毒，毕竟防人之心不可无。小庆也看出了小豪的顾虑，于是拿起一

杯酒自己先喝了一口，然后将自己喝过的这杯给小豪喝。小豪看小庆喝了没事，就开始放心地喝起来，兄弟二人就这样聊了很久，后来小豪却突然倒地身亡了。

警察赶到现场的时候发现那杯酒里竟然有毒，可是小庆说自己并没有下毒，而且自己也喝了这杯酒，没有中毒。但是警察在仔细查看之后将小庆逮捕了。

小豪究竟是怎么死的呢？

表面上看，小庆和小豪都喝了那杯酒，一般情况下我们会认为不是小庆下的毒，但是警察发现了小庆就是凶手的证据，带走了他。两人唯一的接触就是那杯加冰的啤酒，两个人都喝了，小庆没事，小豪却被毒死了，说明两人喝的酒是不同的。但是两人的酒是在同一杯里，那么有什么方法能让酒在开始时没有毒，后来有毒呢？问题就在于这个冰块。如果小庆将毒藏在冰块中，因为刚开始冰块未融化，所以小庆喝冰啤酒的时候没事，小豪刚开始喝的时候也没事，但是当冰块融化了之后，小豪就中毒了。

一定有人说谎吗

一艘豪华游轮将要远航时购买了巨额保险，在出海之后触礁沉没，好在没有人员伤亡。承保的保险公司派出了公司里最有经验的业务员去仔细调查事故详情，但是他手上有其他的业务，便先让自己的徒弟去查看一番。

徒弟询问了很多当时在游轮上的人，他们称自己在游轮触礁之后就登上救生艇离开了，从远处看到游轮下沉，几分钟之后，又听到了巨大的一声爆炸声，游轮就完全沉没了。但是其中一名游客和其他人的说法不同，他说在游轮触礁之后，他直接跳进了水里，向着几千米外的一个小岛游去，游了大概一半的时候，他听到一声巨响，游轮开始沉没，但是在几秒钟之后，他又听到了第二声爆炸。徒弟觉得很奇怪，其他人只听到了一声爆炸，为什么这位游客听到了两声呢？难道游轮的沉没还有其他隐情？徒弟将整理好的资料交给了师傅，并将自己的疑惑讲给师傅听。师傅听完后告诉徒弟，听到一声和听到两声巨响的人都没有撒谎。这下徒弟更糊涂了。

究竟是怎么回事呢？

案例分析

表面上看，游轮上的所有游客在同一事件、同一地点中，他们听到爆炸声的次数不相同，这似乎意味着有人在说谎，可是师傅说他们都没有说谎。那么，我们来深入分析一下，持这两种不同说法的人的不同之处就在于他们一个是坐在救生艇上，另一个是自己在海里游泳，所以我们要从声音的传播介质这个角度去找原因。乘坐救生艇的人听到的声音是通过空气传来的，在海里游泳的人第一次听到声音的时候，耳朵应该是在水里面，声音在水中的传播速度比在空气中快，所以他在水中听到声音后，抬头起来寻找声源，这时空气之中的第二声巨响就传来了，所以他隔了几秒才听到第二声爆炸。

目击证人

在一个大雪纷飞的冬夜，有一名女子在拉维列特街 31 号的公寓里被人杀害，死亡时间大概是晚上九点。警方一到现场，就开始仔细地调查。房间里，瓦斯炉被火烧得红红的，热得人直流汗，灯开着，但是紧闭的窗户只拉上了半边窗帘。住在被害人附近的居民向警方提供的口供如下：我目击了凶案的发生，虽然我的房间离现场有 20 米远，但我看到凶手是个金发男子，戴着黑边眼镜，还留了胡子。

警方根据这名目击证人提供的线索，逮捕了死者的金发男友。在法庭上，金发男友的律师很有把握地为他辩护，他问目击者："年轻人，案发时你是在窗户旁偶然看到了凶手，是吗？""是的，因为那天她家的窗帘没拉

严，所以我透过窗户看见了凶手的脸。”律师对法官说：“这位年轻人所说的都是谎话，以我的判断，他的嫌疑最大，可能是他在行凶后将被害人家里的窗帘拉开逃走的，还给警方提供假口供，误导警方的判断，企图掩盖自己的罪行。”经过审查，律师的判断是正确的。

你知道律师是怎样判断的吗？

当天晚上大雪纷飞，气温降到了零下，而被害人房间里的瓦斯炉烧得火红，在这种情况下，室内外温差很大，有点常识的人都会知道窗户玻璃上会出现一层湿气，变得朦胧不清。透过朦胧的玻璃，纵然窗帘全部打开，从 20 米远的地方也看不到屋里人的脸，就算看出有人，也只能看到轮廓，怎么能看出凶手是金发而且有胡须呢？律师正是发现了年轻人供词中的这个漏洞才说他是在说谎。一般情况下，我们在室内开灯时会把窗帘拉上，但是现场的窗帘只拉了一半，好像故意留着让那个年轻人可以看到室内的情况，好能做目击证人似的。

致命外遇

奥狄斯找到私家侦探诺顿，说：“你要多少钱都可以，只希望你能替我暗中调查我妻子的私生活。”说着，他拿出一张漂亮女人的照片，说：“这就是我妻子南希。”这是一对典型的老夫少妻。诺顿问道：“有怀疑对象吗？”“有，莫雷，我平时工作很忙，她说想学画画，我就送她到莫雷那里去学了。”

随后，诺顿对莫雷做了一番调查。莫雷有很高的绘画造诣，目前还没结婚，性情风流，赢得了很多女人的芳心，也结下不少仇家。诺顿趁莫雷外出时潜入他的公寓，装好窃听器，又在他隔壁租下了房子。诺顿在窃听中发现，有个叫里奥的人常和他起冲突，还差点为了获奖的事造成流血事件。莫雷和南希之间的对话诺顿听得很仔细，发现他们的确有暧昧关系，但是莫雷对南希并不是真心的。诺顿将自己的发现说给奥狄斯听，奥狄斯气得暴跳如雷。

一个月后，莫雷被刺身亡，当日诺顿的录音机竟然忘了打开，没录到任何线索。警方认为能够进到屋子里的一定是熟人，所以奥狄斯、南希、里奥三个人都有作案嫌疑，同时因为在尸体旁找到了奥狄斯的打火机，所以警察肯定凶手就是他。但是诺顿坚称凶手另有其人，最后证明，诺顿的想法是正确的。

凶手到底是谁呢？

案发当日诺顿的窃听器忘记打开纯属偶然事件，奥狄斯并不知道他的窃听器忘了开，他会认为诺顿一直在窃听，所以他不会是凶手，因为他不会笨到在诺顿的窃听下杀人。从掉在尸体旁的打火机来看，是有人故意嫁祸给奥狄斯，但是里奥并不认识奥狄斯，所以他没有机会拿到奥狄斯的打火机，只有南希才有可能。

南希恨莫雷用情不专，更烦透了年老的丈夫，所以希望他们两个人都从此消失。所以，真正的凶手就是南希。

女孩被绑在哪儿

夏日里的一天，一个小女孩突然被蒙上眼睛绑架了。她只知道绑架自己的是一对夫妻。她被安置在阁楼里，能听到清楚的海浪声，闻到海水的味道。她已经被关了三天，屋子里非常闷热，只有晚上才会从窗户吹进来一些风。

绑匪拿到赎金后开车释放了女孩。根据女孩的描述，警察在海边进行了彻底的搜查，结果发现有两间小屋最符合条件。一间窗户朝南，一间窗户朝北。大海在南边，这两间小屋都曾经有一对夫妻居住，那么女孩被关的小屋是哪一间呢？

因为水的比热容比土地高，所以在夏天的夜晚，海面温度比陆地温度流失要慢，也就是说海面气温比内陆高，空气由陆地吹向海面，所以晚上的风向是由北向南。晚上女孩能感觉到有风从窗户外吹进来，就说明她所在的小屋窗户是朝向北边的。

邻居间的盗窃案

住在202号房间的安迪想到楼下的超市买点吃的，因为距离很近，五六分钟就可以回来，所以他出门的时候没有锁门，没想到回来后却发现自己放在桌子抽屉里的钱不见了，他立刻找到住在不远处的侦探朋友罗杰来帮忙抓小偷。

罗杰问安迪还有谁知道他出去买东西了，安迪说他的邻居布兰特和卡尔知道，他们还让安迪帮忙捎东西来着。他们来到201号房，这是卡尔的房间，安迪向卡尔说明来意，卡尔表示完全配合罗杰的调查。罗杰向卡尔问道："安迪出去买东西的时候，你在干什么？"卡尔说自己一直在看电视，"你听到过隔壁安迪的房间有什么动静吗？"卡尔回答说："没有啊，我看电影太投入了，而且那时房顶有架直升机一直在不断地发出噪声，所以我什么都没听到。"他们又来到了布兰特的房间，布兰特住在205，他正在看书，看到安迪和罗杰，就放下书，很热情地招呼他们坐下。罗杰问了布兰特同样的问题，布兰特回答："当时我在看书，但是有一架直升机在公寓上方盘旋，噪声很大，害得我都看不下去了。"

罗杰听完两人的描述，说自己已经知道小偷是谁了，就是他们两个人中的一个。

那么小偷到底是谁呢？

案例分析

我们要联系客观实际来看待两个嫌疑人的回答。有常识的人都知道，直升机在工作状态时发出的信号会干扰电视信号，使其根本看不到画面，所以卡尔在说谎，他就是小偷。

第八章

福尔摩斯掌门法：

迂回思维：避开障碍，迈向成功

第一节

福尔摩斯告诉你，如何拐个弯思考问题

条条大路通罗马

“条条大路通罗马”这句话指的是成功的方法不止一种，人生的路也不止一条。有时在通往目标的过程中，那条最直接的路上可能有不可逾越的障碍，我们可以选择绕过它，从小路向目标继续前行。这句话也体现了逻辑学中的迂回思维。

一个穷人因为肚子饿，便将自己的马拴在了路旁的一棵大树上，准备进饭庄吃饭。这时一个富人也要进饭庄吃饭，他也将自己的马拴在了路边的那棵大树上。穷人对富人说：“我的马性子刚烈，拴在一起的话会把你的马踢死的！”可是富人根本就没有理会穷人的话，他心想：我看是你的马被我的马踢死才对！穷人又说了一遍，可是富人还是不理会，径直走进了饭庄吃饭。正在吃饭的时候，富人听到自己的马一声惨叫，跑出去一看，自己的马竟然真的被穷人的马踢死了。富人暴跳如雷，扯住穷人的衣领要他赔马，穷人当然不答应。他们来到县衙恳请县官审理此案。

县官问穷人：“是你的马踢死了他的马吗？”穷人只是眨巴眼睛，没有吭声。县官又大声问了两遍，穷人依然毫无反应。县官说道：“原来你是个哑巴，这案子应该怎么审问呢？”富人一看穷人不说话，着急了，说：“之前他和我说过话，他不是哑巴。”县官问富人：“他和你说了什么？”富人说：“他说他的马性子烈，如果两匹马拴在一起，我的马会被他的马踢死的。”县官听了，重重地拍了下惊堂木，大声说：“既然他早已对你说过，你怎么还要他赔偿你的马？真是无理取闹！”

如果穷人向县官说明情况，富人可能会否认穷人在之前已经对自己说过马会被踢死的事情，这个官司就难办了。可是聪明的穷人故意装成哑巴，让富人自己把实情揭露出来，这样县官可以更直接地了解真相。这种迂回的战术在遇到问题时产生了极大的作用，使问题很容易得到解决了。

一个聪明的人肯定懂得使用迂回思维，很多时候，这种迂回思维既可以直接避免冲突，又可以解决问题。

一次，但丁出席由威尼斯执政官所举行的宴会，听差捧着一些肥肥大大的鱼给各位宾客，却只给但丁一条瘦瘦小小的鱼。但是但丁并没有抗议，也没有吃鱼。他拿起盘里的小鱼，把它凑近自己的耳朵听一听，好像听见了什么，然后把小鱼放回盘子里。

执政官见状很奇怪，问他在做什么。但丁大声说："几年前，我有一位朋友逝世，举行的是海葬，不知他的遗体现在是否已埋入海底，我就问小鱼知不知情。"执政官问："那小鱼对你说了些什么？你的朋友真的已经埋入大海了吗？"但丁说："它对我说，它还很幼小，不知道过去的事情，让我向同桌的大鱼爷爷打听一下，问问当时的情况，它们一定知道我朋友的事情。"

执政官哈哈大笑，吩咐听差马上给但丁端上一条最大最肥的鱼来。

对于这种差别对待，如果当时但丁直接表示抗议，不仅有失涵养，还可能会引起冲突，但如果假装什么也没发生而吃掉小鱼，别人会认为但丁太过懦弱，他自己也咽不下这口气。聪明的但丁通过和小鱼说话引起别人的注意，用迂回的巧妙方法，既让执政官给他换了大鱼，又没有引发冲突，可谓一箭双雕。

所谓迂回思维，就是在思考问题的时候避免正面交锋，暂时离开直线轨道，力争在曲折中找到更好的路。"山重水复疑无路，柳暗花明又一村"讲的就是这种曲径通幽、迂回思维的智慧。这种智慧也是福尔摩斯逻辑思维的重要一环，要学好逻辑思维，一定要掌握迂回思考方式。

转角遇到真相

在寻求真相的过程中并不总是大道通途，有时只顺着一条既定的思路，是无法达到目的的，要学会变通，说不定就在某个转角会偶遇真相。

著名文学巨匠莎士比亚的一篇经典作品《威尼斯商人》中也用到了迂回思维。

安东尼奥为帮助朋友向放高利贷者夏洛克借了一笔钱，夏洛克把钱借给安东尼奥后提出了一个十分苛刻的条件：如果安东尼奥到时还不了钱，就要从其身上割下一磅肉偿债。

不幸的是，安东尼奥的船出了事，他没有办法按时还钱。于是夏洛克便要按照约定从他身上割一磅肉下来。

面对这种无理条款，安东尼奥和他的朋友们想尽了办法，都没有阻止得了夏洛克。

这时，安东尼奥所要帮助的朋友的妻子鲍西亚小姐突然想到了办法。在法庭上，她假冒律师与夏洛克对质，同意让夏洛克从安东尼奥身上割下一磅肉来。但是，她有一个条件，那就是夏洛克既不能多割一点肉，也不能少割一点肉，而且不能流一滴血，因为他要的只是一磅肉。

夏洛克没有办法，只能认输。

在这个故事里，鲍西亚小姐就是运用迂回思维法达到目的的，面对这种情况，可能大多数人想到的是让夏洛克再多给一些时间，尽快去凑齐钱款，这也是最直接的方式。但是这种方式不为夏洛克所接受，他坚持要按照当时所签订的不公平条款割下安东尼奥的一磅肉。鲍西亚小姐先答应夏洛克的请求，然后要求他严格按照当时签订的条约办，只能割下一磅肉，不能多任何一点别的东西，这显然是不可能完成的。夏洛克没办法，只能放弃。鲍西亚小姐拐了个弯，最终还是达到了目的。有时我们可以合理规避正前方的障碍，走一条看似复杂的曲线，但是这条曲线有可能会让我们更快地到达目的地。这就是迂回思维的魅力所在。

人生的旅途中需要直线向前，也需要迂回进取。迂回可以让我们体会到峰回路转的畅快，还有柳暗花明的豁然。老子说："曲则全，枉则直，洼则盈，敝则新，少则得，多则惑。"这句话里包含的智慧，总结成两个字就是"迂回"。

明朝隆庆年间，首辅大臣高拱提出新政，要和蒙古停止打仗，并与其展开边境贸易。不料在改革想法公布之后，朝廷反对声四起，很多人甚至说："我大明的东西，即使送给要饭的，也不能给蒙古人！"高拱知道自己若是强行批准改革，定会被口水淹死，所以他提出投票表决。在当时这可是一件新鲜事，可是高拱成功说服了当时的反对派首领张溶，所以大家开始进行"封贡票决"，结果赞成与反对票数量相当，皇帝将此事交给了内阁办理，内阁的事情自然由首辅说了算，封贡互市制度就此通过。

隆庆五年，边境市场正式开放，各地客商陆续赶到这里开展贸易活动，一个伟大的奇迹就此出现，自朱元璋时代起折腾了两百多年的明蒙战争终于落下帷幕。此后近百年中，双方再未爆发大规模的战争，终究还是实现了和平，这是高拱立下的不朽功勋。

高拱的迂回策略让他名留青史，为明朝做出了巨大贡献。要想跳得高，得先向后退，懂得迂回、适当妥协是人生智慧。人生难免要有进有退，退，不是畏缩不前，而是一种策略。引擎利用后退的力量，会引发更大的动力。空气一经压缩，会聚集爆破的威力。如果我们善用迂回，绕个路，转个弯，或许会遇到更广阔的空间。迂回不是示弱，是智慧，这样才能在对手扬扬自得时给其制胜一击，最终取得胜利。

恋爱中的迂回思维

有时候经历越复杂，成功后所获得的幸福感就越强。道路不怕迂回，就怕阻塞，人生不怕曲折，就怕迷失。在感情生活中，我们也可以应用迂回思维。迂回思维不是不真诚，而是换一种方式促进两人感情的发展。因为我们中国人一直讲究含蓄，所以用一种迂回的方式去表达往往更容易被接受。

例如，你想认识一个非常优秀的女生，但是苦于没有方法，这种时候如果直接过去说我想认识你之类的话会显得太过于唐突，可以先认识她身边的朋友，再寻找接触她的机会，或者了解一下她有什么兴趣爱好。比如，她报了一个吉他班，你和她成为同学，你们很自然地就可以认识、聊天了。这些都是“曲线救国”的好方法。

同样地，在职场中也可以应用迂回战术。你想在领导面前展示自己的工作能力、学习能力以及其他技能，从你自己的嘴里说出来怎么听都像自卖自夸，领导可能不仅不相信，还很反感。但是如果领导从其他同事那里听到了你的优点，他会真的觉得你是个有才华的年轻人。但是怎么才能让同事们在领导面前说你的好话呢？这就需要我们利用迂回策略来维护好同事之间的关系了。

只会直来直去、不懂得迂回的人，往往会碰得头破血流。最终即使强取而得，也会耗费超出常规几倍的资源。我们不妨转换思维方式，充分认识当前局势，分析对比，审时度势。直路走不通，便迂回而行，才能最终迈出困境，取得成功。

战国时，魏王欲攻打赵都邯郸，谋臣季梁知道了此事，忙从旅途中返回，求见魏王。

他对魏王说：“我在返回的途中遇到一个男子，正赶着车向北走，却告诉我他要去楚国。我提醒他：‘若要去楚国应该往南走才对。’可那男子说：‘我的马是日行千里的好马。’我说：‘马是好马，可是你弄错了方向。’那男子又说：‘我带够了旅费。’我说：‘你的旅费够了，但你走的方向反了。’可那男子又说：‘我的车夫驾驭技术高超！’诚然，他具备了所有条件，可他犯了方向性的错误。楚在南，他却向北，因此，他的条件越好，离楚国的距离就越远。”

“大王，您身为霸主之一，刚刚获得天下人的钦佩，却仗着国富兵强而想攻打赵国，您的目的是扩大领土、远播威名。但赵国并非弱小之辈，若进攻不利，反而会削弱魏国国力，可能从此离成就霸业的日子越来越远了。这不就和那个欲去楚国却偏偏向北走的男子一样吗？”

魏王听后，若有所悟，改变了原来的主意。

根据不同的对象和语境，说服有时需要一针见血，有时则需要拐几个弯，多兜几个圈子反而能引发对方的思考，让对方在思索中明白事理。季梁就借用旅途中的见闻婉转地劝谏魏王不要进攻楚国，并指出进攻的结果有害而无利，魏王经过仔细思考，接受了他的劝谏。

抬头仰望天上的繁星，回望自己走过的险路，人的一生或多或少都会在孤独中跋涉，在寂寞里坚守。要谨记古人的迂回智慧，要相信前方无论是羊肠阡陌，还是荆棘丛生，只要你不退缩，懂得迂回变通，终将收获成功。

“泄密”套话术

在警匪片中，我们经常见到的审讯场景往往是整部影片的高潮，紧张的氛围，警察犀利的眼神和嫌疑犯宁死不招的气势深深地吸引了我们，想知道这场正与邪之间博弈的结局。而警察们的审讯技巧也随之成了我们好奇的焦点。

警察要从顽固的犯罪分子嘴里套出案件的线索，必须使用高超的问话方式，毕竟犯罪分子一旦认罪，就要付出失去自由甚至是失去生命的代价，所以他们一定会想尽一切办法去否认。这种时候，直接询问的方法不灵了，要采用迂回战术。

20 世纪初期的美国，刑讯逼供还是被广泛采用的一种做法，为了让嫌疑犯签下一份供认书，警方开始残忍地不断上演酷刑，如不给食物和水、用强光照射、折磨身体和精神，等等。不过在 20 世纪 30 年代到 60 年代，审讯方法逐渐改善，法院也不再采纳通过非自愿手段得到的供词。一些基本的心理审问技巧取代了这种强迫式审问方法，如一个人唱白脸，另一个人唱红脸，即一个人恐吓嫌疑犯，另一个对嫌疑犯装作很照顾的样子。

心理审问技巧不断升级和完善，方法也越来越多，我们来列举一些常用的方式方法：

1. 环境的布置。审讯室的布置要让嫌疑犯最大限度地感到不适，房间里只有三把椅子、一张桌子和四面空空的墙，空间十分狭小，嫌疑犯所坐的椅子非常不舒服，而且让他接触不到任何控制器。

2. 有罪假设。警察用自信的口吻对嫌疑犯的犯罪事实进行陈述，并且列举出对嫌疑犯不利的证据，同时绕着房间走动，侵入嫌疑犯的私人心理空间，进一步给嫌疑犯施加心理压力。如果这时嫌疑犯开始烦躁不安，或者频频出现舔嘴唇、拢头发等小动作，警察会判断出侦查方向大体是正确的，嫌疑犯的确有隐瞒某事的迹象。

3. 阻止否认。在假设有罪的环节，警察会试图还原犯罪经过。在这一过程中，嫌疑犯可能会否认自己做过那样的事或者在现场曾经出现过。在嫌疑人企图否认的时候，警察就要打断他，可以告诉他一会儿会让他说，但是现在他要先仔细听。打断他的否认可以打击他对否认的信心。如果他在有罪假设的阶段没有进行否认，一般情况下，这就是嫌疑犯有罪的信号；如果他刚开始反对得很激烈，后面的反对却越来越少，则说明他快要招供了。

4. 为嫌疑人提供两种截然不同的动机。例如，一种是由于一时冲动犯罪，或者将过错放在被害人身上，另一种是为了钱杀人或者杀人取乐。增加这两种选择之间的反差，直到嫌疑人表现出要选择其中一种动机的信号，如在听警察叙述的时候轻轻点了下头，这样警察就可以顺着嫌疑人更倾向的那种动机继续说下去。

5. 如果嫌疑人的肢体语言表示出他放弃抵抗，像双手抱头、手肘放在膝盖上、肩膀耸动等类似动作的时候，警察会尽量保持和嫌疑人的目光交流以强化嫌疑人的心理压力，并且抓住机会引导嫌疑人招供。

这是审讯中的几条套话方法，所有的这些方法都是在采用迂回的策略让嫌疑人招供。有些话不能直说，就要拐弯抹角地去讲；弄不清对方的真正意图，就要投石问路、摸清底细……有学者统计，在美国每年通过审讯查出的罪案占到总数的42%~50%，可见审讯及其技巧的重要性。两点之间直线最短，但是在某些情况下，近却成了真正的远，而远却变为实际的近。尤其是在对抗和竞争之中，要结合个体的努力程度，更要结合整体环境的优劣，学会转换角度，学会选择，才能成为赢家。

第二节
成功运用迂回思维的案例

恐怖录像带

几个同学在宿舍里，其中一个说：“你们知道吗？咱们学校出现过无人岛凶杀案件，五个人全都丧生了。”其他同学你一言我一语地说道：“真的假的啊？”“我也听说过这件事”“太可怕了”……第一个说话的同学接着说道：“我有那次事件的录像母带，你们要看吗？”其他同学带着好奇、害怕、刺激等复杂的心理一起看起了录像带。

录像带的开头是非常普通的旅行，但是当天晚上就有一个同学被杀了，死后的惨状被记录了下来，其他同学也陆续死亡，可以看出都是被谋杀的，但是不确定凶手是谁。最后只剩摄影师和一名女同学还活着，他们两个互相怀疑，女同学想要离摄影师远远的，但是摄影师紧随其后。就在这时，画面突然黑了。两分钟之后，画面再次亮起来，拍摄了被残酷手段杀死的女同学和疑似摄影师的被吊死在树上的一个男人，录像带到这里就结束了。

到底谁是杀人凶手呢？

顺向思维去思考的话可能想不通，因为所有人都在无人岛上死了，难道凶手自杀了吗？我们可以先绕过这个想不通的地方，运用迂回思维，想一下在这个描述中有疑点的地方。你会发现，无人岛中的所有人都死了，那么案例中的第一个说话的同学是怎么有这件事的录像母带的呢？他很可能就是无人岛五件凶杀案的凶手。

总裁留下的暗示

都灵是意大利的第三大城市。一天，在都灵工作的华人总裁李先生在自己的办公室被杀，他在地板上用血写了一个大写的“N”，但是这个“N”看着有些别扭，可能是因为他在临死的时候意识已经不清楚了，所以写下的字也不那么规整吧。

犯罪嫌疑人有两个，一个是李先生的秘书方小姐，另一个是他的助手柳先生，他们也都是中国人。两个人都有明确的不在场证明，所以线索只剩下了别扭的大写“N”了。

探长走到这个“N”的旁边，仔细思索着它的含义。不一会儿，探长突然说，我知道凶手是谁了。你们知道了吗？

探长先入为主地认为死者留下的线索是“N”，但是怎么也解释不通的时候，他换了一种思考方式：这个印记如果不是“N”呢？探长再仔细查看了印记后发现，李先生写下的其实是罗马数字“VI”，阿拉伯数字“6”，所以那个“N”看起来才特别别扭。中文里的“6”和“柳”是谐音，所以凶手是助手柳先生。

招魂和送魂

山本的姐姐酒井是一个迷信的人，她举办了一场招魂会，想让已经死去的父亲的灵魂再回到阳间说说遗嘱的事情。山本叫上了喜欢写悬疑小说的朋友木村，他在这里既是一个见证人，也可以为他的小说积累素材。招魂当天还有一个负责作法的法师和山本的另一个姐姐阿部。

招魂会在酒井的家里进行，几个人互相寒暄之后，招魂仪式就正式开始了。四个人围着桌子坐下，法师在一旁指挥。他让大家将面前杯子里的

红酒喝掉一半，因为木村有些紧张，所以将红酒洒了一点在白色的桌布上。“大家把手都拉在一起，不管发生什么事，都不要松开，把眼睛也闭上。”山本左手拉着酒井，右手拉着阿部，对面坐着木村，大家都拉好手后，法师念了一段咒语，咒语的声音越来越小，直至听不到。这时，在黑暗中响起了两个人的声音，“是姐弟三人的父亲来了吗？”“是的。”“您是在半年前病死的吗？”“不是，我是被人下毒害死的。”“您知道谁是凶手吗？”“当然。”“别再装神弄鬼了，开灯吧，大家。”突然阿部打断了对话。“你把灵魂给吓跑了，真是不像话！”法师呵斥道，他生气地接着说，“事到如今也没办法了，大家把剩下的半杯酒也给喝了吧，结束这个仪式。”众人松开拉着的手，拿起自己的酒杯，一饮而尽。阿部喝完酒就起身向门外走去，边走边说：“就是个无聊的骗局而已，我要回去了。”可是话音刚落，她就倒在了地板上。大家赶忙把灯打开，发现阿部已经死了，嘴里还有一股臭味。酒井看到这样的场景，并没有像其他人一样惊讶不已，只是平静地说：“杀害父亲的就是阿部，她遭到了父亲灵魂的报复。”

木村去闻了一下阿部的酒杯，说：“是谋杀，氰化钾中毒，毒药被放在了红酒里。”“但是酒都是一样的，我们怎么没中毒呢？如果是放在杯子里，准备杯子的酒井又怎么会知道阿部会坐在哪里呢？这个座位又没有提前安排好。”山本提出了自己的疑问，法师补充道：“招魂的时候大家的手都拉在了一起，凶手总不会用脚下毒吧？”木村走到了刚才大家围坐的桌子前再一次仔细查看，他问山本：“你把红酒也洒在桌子上了吗？”山本回答说：“我记得没有。”又过了一会儿，木村自信地说：“我已经知道凶手是谁了。”

凶手到底是谁呢？又是用什么方式往阿部的酒杯里投的毒呢？

案例分析

我们想的是凶手怎样把毒下到阿部的杯子里的，但是根据已有的线索很难直接推断出来，所以我们可以迂回地从另一个角度去想一下：木村弄到桌布上的红酒渍转移到了山本的面前，这样看来，有人提前下毒，然后在大家都闭着眼睛的时候可能用脚将桌布挪动了。根据红酒渍转移的位置可知，是酒井的杯子转移到阿部的面前了，所以是酒井在自己的杯子里下了毒，然后让阿部喝下了毒酒。

杀手

虽然是假期，但是总经理艾利克斯还是一如既往地到山上来晨练。小路上人很少，迎面走来一位戴着口罩的女人。女人走到艾利克斯身边和他打招呼。“您是？”艾利克斯想不起来自己是否见过她。“我是杀手。”艾利克斯大惊失色，周围荒无一人，看女人的样子也不像是在开玩笑，“是唐纳德派你来的吗？”艾利克斯想着死也要死个明白。那女人回答：“我不是来杀你的，相反，我可以帮你杀掉你最大的敌人，就是你刚才说的唐纳德。”艾利克斯松了一口气，说：“您要是能帮我杀掉这个眼中钉，我必有重谢。”“放心，我会让他不留痕迹地病死，至于用什么方法，你就别问了。而且，你可以在我杀掉他之后再付钱，不用预付定金。”

两个月后，艾利克斯听说唐纳德因突发心脏病去世了。第二天，艾利克斯在那条山路上又遇到了那个自称杀手的女人，并如约给了酬金。

女人是用什么方法让唐纳德病死的呢？

从正面去思考的话，由于题中给出的条件比较少，我们很难从已知的事件中想出女人让唐纳德病死的方法。绕个弯，我们从另一个方向来思考，会发现女人答应艾利克斯两个月之后唐纳德才病死。一般的杀手在答应雇主的时候就应该已经想到了方法，那她又怎么会在两个月后才去实施呢？而且她又能不引起医院、死者家属对死因的怀疑。要想达到这点，最好的方法就是不用方法，让唐纳德自然死亡。但是这个女人怎么知道唐纳德会自然死亡呢？是因为她是医院里的护士，偷听到了唐纳德和艾利克斯的关系，也知道唐纳德将不久于人世，所以她就利用这一点去敲诈了艾利克斯一笔。

消失的车厢

有一批价值连城的瓷器要从金斯顿运往曼哈顿进行展览，瓷器被放在火车最中间的一节车厢。可是到了曼哈顿，大家发现装有瓷器的那节车厢不见了，于是赶快找来了埃尔维斯探长帮忙查找。

埃尔维斯探长了解到，火车从金斯顿开往曼哈顿全程仅两个小时，中间并没有停过车。在发车的时候，瓷器还在火车上，虽然在路程中间有一条支线，但那是为夏天准备的，一般不会用。第二天，大家在那条支线上确实看到了丢失的车厢，但是车厢里的瓷器全都不见了。埃尔维斯探长查看转往支线的轨道转换器，发现它的确被新上过油，并且在上面还采集到了一枚国际大盗的指纹。埃尔维斯探长说："我知道他们几个是怎么作案的了。"

案例分析

盗贼至少有三个人，有两个人一早就潜入车厢，将一根很粗的绳子连接在瓷器车厢的前一节和后一节车厢上，在瓷器车厢脱离了火车之后，前后仍然能连起来。第三个人等在支线处，在火车到支线处的时候，早已准备好的两个盗贼打开瓷器车厢的前后连接器。在这节车厢到达交叉点的一瞬间，第三个人迅速切换轨道转换器，这样，瓷器车厢就踏上了支线。在这节车厢快要全部到这条分岔路的时候，再把轨道转换器归位，这样，后面的车厢就被粗粗的绳子拉着在原定轨道上行驶。列车接近终点站开始减速时，后面的车厢因为惯性会赶上前面的车厢，这时候藏在车上的盗贼再把车厢连接器合上，摘下绳子，跳车逃走。另外，瓷器车厢没了动力，在拐进支线不久后会自己停下，盗贼就可以把上面的瓷器全偷走了。

关键脚印

摄影家芳子外出几天拍摄，回家后发现家中被盗。芳子的别墅坐落在湖畔的小树林中，被盗的东西倒是没有什么贵重的，首饰都是假的，其他物件也都是便宜货，但是一个独居的女人被偷东西还是很令人害怕的，尤其是在气温骤降的这种寒冬季节。于是她打电话报了警。

警察在别墅的周围发现了盗窃犯的脚印，因为地面非常潮湿，所以脚印很清楚，是一种波浪纹的皮鞋脚印。当晚警察就找到了两名嫌疑人：二宫是在昨天晚上零点左右被巡逻警察发现在现场徘徊，而伊藤是今天中午十一点多被别墅管理员在现场发现的。这两个人都是盗窃惯犯，二宫倒是在昨天凌晨到案发时都有不在场证明，但是没有任何意义，之前有人看见他在这儿出现过。整理完这些资料的警察已经猜到谁是盗窃犯了。为什么呢？

如果二宫是在昨天晚上作的案，夜里的低气温会让脚印结霜，结了霜的脚印会变得很不清楚，但是现场留下的脚印明明是清楚的波浪纹，这就说明盗窃犯是霜化了之后才作的案，所以真正的入室盗窃犯就是今天十一点多在这附近出现过的伊藤。二宫从昨天凌晨到案发时都有不在场证明，所以是清白的。

罗伊的如意算盘

罗伊搭乘侦探萨姆的车进城，希望他在乔的门口能停几分钟，他想把自己借给乔的工具拿回来。罗伊跳下了车，三步并作两步从台阶旁边跃上门廊按门铃，没有人回应。罗伊走到窗口，边敲玻璃边喊：“乔，乔！”突然他回过头冲着萨姆的方向大喊：“侦探，不好了，乔晕倒了！”乔躺在门廊右边一排树的后面，身边放着一罐打开的白油漆。萨姆查看后，发现乔是在大约 7 个小时前把脖子摔断而亡的，台阶和大门上的油漆还没干呢。他对罗伊说：“乔应该是刚刚刷完油漆就被害了，不过这件事也和你有关。”

这到底是怎么回事呢？

罗伊想要创造一个不在场证明，所以他去找了侦探萨姆，特意在被送回城的路上要求去乔的家里拿东西。但是他过去的时候不走台阶而是直接跳上去，没有敲门而只敲窗户，说明他知道门和台阶都是刚刷过的，油漆还没干，也就是说他在乔刷油漆的时候就来过，现在又故意把萨姆侦探引到这里来，所以他和乔的被害脱不了干系。

女鬼的房间

肖恩到某旅游胜地去度假，房产中介带他来到一栋古典小楼中的一间房子，对肖恩说道："这间房的采光很好，在窗口可以看到院子里的花园，而且有一个美丽的女鬼做伴。"肖恩说："真的有鬼吗？"边说边推开了房间里的百叶窗向外望去。"这里原本的女主人叫雪莉，2002 年 6 月 27 号，她就是从这里被人推了下去。刚开始，警察觉得是自杀或意外，但是警察后来发现，当时卧室的窗户是关着的，雪莉总不能掉下去后自己把窗户关上吧，所以就开始重新调查。路过的一位老师上庭做证，说看见雪莉的丈夫拉开窗户将雪莉扔了下去。丈夫承认窗户是被他关上的，但是不承认杀人。"肖恩听完中介的话，思考了一下，然后对他说："我决定不租这间房子避暑了，但是我要帮雪莉的丈夫翻案。"

肖恩从哪里看出破绽了呢?

肖恩是推开房间的百叶窗，说明窗户并非拉式的。所以当他听到地产中介转述的证人证词说看见雪莉的丈夫"拉"开窗户将妻子扔下去的时候，他就知道那名证人做的是伪证。

盗窃未遂

夏季一个阴天的晚上，日本内海的一座小岛上发生了一起盗窃未遂案，窃贼潜入一座商业大楼，想要打开某公司的保险箱，可是触动了警报装置，只好仓皇逃离。

经过警方的调查，在现场犯人遗落的作案工具上发现有一名船厂工人的指纹，工人名叫松本哲也。“我没有盗窃，前两天我的工具箱就被偷走了，肯定是有人陷害我的。”松本极力向警察强调自己的清白。“当天晚上十一点左右，你在哪儿？在干什么？”“我在另一座岛上一个人钓鱼，就是我家所在的岛，结果钓不到鱼，十一点半左右我就去朋友家喝酒了，一直到后半夜两点多。”松本的朋友证实了这种说法。但是这只能说明松本在十一点半到后半夜两点多的行踪，他也有可能先在商业大楼作案，然后乘汽艇或游艇到五千米外的朋友家。松本说：“咱们这儿怎么会有游艇这种东西呢，要是汽艇的话，马达的声音不可能躲过两个岛之间正在垂钓的人的耳朵。”“那如果是坐小船逃走的呢？”“那一带的海水流速很急，我记得那天晚上的流向是自西向东，这样的情况下，在三十分钟内划小船是不可能到另外那座岛的。”商业大楼所在岛屿的山最高的有四十米，用滑翔机也无法飞跃到另一座岛屿上，所以警察暂且承认松本的不在场证明。

但是有一名警察非常喜欢体育运动，他听同事说了松本的口供之后，想到那天晚上的风速是每秒六米，立刻就揭穿了松本的巧妙手段。

松本究竟是怎么过去的呢？

松本常年往返于两座岛屿之间，他对于海上运动肯定很擅长，所以在风速每秒六米的情况下，他乘帆板逃往另一座岛是非常轻松的。而且当天是阴天，所以如果帆板是黑色的话，绕着海里夜钓的人走，不必担心会被看到。返程的时候，也用同样的办法，把帆叠起来，再把板藏到别人看不见的地方就好了。

超过诉讼时效

在一次车祸中，里奇失去了四肢，撞倒他的汽车是美国著名汽车公司生产的，他们的刹车系统显然是有问题的。但是对方请的律师是专打这类官司的格林先生，他用巧妙的盘问技巧使里奇说不清自己到底是在冰上滑倒的还是被汽车撞倒的，就这样，里奇败诉了。

大名鼎鼎的律师——詹妮弗小姐决定帮助里奇上诉。她搜集到近年来该公司生产的汽车因为同样的问题已出过二十多次车祸，她又设法弄到了汽车公司的全部技术资料。随后她找到格林先生，向他阐明利弊，希望汽车公司拿出 100 万美元作为里奇的补偿，如果必须上诉的话，她将代表里奇要求 300 万美元的赔偿金。格林听了詹妮弗的话，答应和自己的当事人商量一下，一周后等他出差回来会给詹妮弗和里奇一个说法。

一个星期后，詹妮弗再次来找格林，他却说在开会，无法接待。詹妮弗这才突然想到自己上了格林的当，里奇的案件在当天正好满诉讼时效，如果今天他们再不提起上诉，之后就不能再上诉了。但是现在已经是下午四点了，提交上诉的最晚时间是五点之前，而准备材料也需要三四个小时。

在电话里格林对詹妮弗得意地大笑，詹妮弗气得全身发抖，她急中生智，上诉成功，最终使汽车公司赔偿里奇 350 万美元。

詹妮弗想出了什么办法呢？

詹妮弗运用了迂回思维。在当地起诉的时间不够了，于是她把起诉地点往西移，隔一个时区就差一个小时，夏威夷和纽约差了五个小时，所以她立刻联系夏威夷的律师事务所，赢得了宝贵的五个小时，成功起诉了汽车公司。

和盲人打赌

洛克是个盲人按摩师，他有个朋友叫尼尔。有一天，尼尔说想和洛克打个赌，赌如果洛克将冰块锁在保险柜里，两个小时后，尼尔能让冰块变成果汁，赌注是1万美元。洛克觉得这是不可能实现的，就答应了尼尔。洛克将冰块放在杯子里，锁在自家二楼的保险柜里，又给卧室门上了两重锁，但是两个小时之后，洛克打开保险柜，发现冰块果然变成了果汁，他只好给了尼尔1万美元。

洛克觉得这简直是不可思议，事后他怎么也想不明白尼尔是怎么做到的。有一次，他的另一个探长朋友来家里做客，洛克将这件事讲给他听。探长让洛克详细说一下那天发生的一些细节，洛克说："首先，放进去的时候，我用手摸了一下，的确是冰块；其次，从保险柜里取出来的时候，确实是果汁，我还尝了一口；最后，在这两个小时内，我安静地坐在家里，听着声响，但是什么也没听到。因为尼尔怀疑我的听力，所以我们才打的这个赌，但事实证明我的耳朵可能也像我的眼睛一样出了问题。"探长听完后对洛克说："有问题的不是你的耳朵，而是尼尔，我已经知道他是怎么做的了。"探长找到了尼尔，戳穿了他的做法，让他把钱还给洛克。尼尔自知无趣，只好照办。

尼尔是怎么做到的呢？

打赌是尼尔提出来的，所以他是有备而来的，整件事都是他设的一个局。他先将果汁冻成冰块，盲人洛克把它们放进保险箱，两个小时之后，冰块就化成了果汁。所以尼尔在这两个小时之中什么也不用做，就可以赢得洛克的1万美元。

赖账的落魄贵族

有个贵族经济条件变差，但是他还是虚荣地想让画家为他画一幅神气的画像。他答应给画家3000美元的酬金，可是画好之后他却反悔了，说画家画的根本就不是自己，所以拒绝付钱。画家很生气，因为画家的确是花了很多心思去画这幅画的，而这幅画像和贵族本人也很像，贵族说不像只是睁着眼睛说瞎话，找借口不付钱罢了。

画家越想越不服气，他绞尽脑汁，终于想出了一个办法，让贵族不得不用双倍的价钱买下这幅画。

请问他想的是什么办法呢？

既然贵族不承认这幅画画的是他，那画家就诋毁这幅画里的人，贵族就不得不承认这幅画画的就是他了。画家公开展览这幅肖像画，并将其命名为《贼》。贵族知道了，找画家理论，但是画家说："反正画里的又不是你，和你有什么关系呢？"贵族哑口无言，只能以双倍的价钱买下这幅画。

自首的马丁

一天，警长接到一个自首电话，来电人自称马丁，说自己出于自卫杀了人。

警长立刻赶到死者的办公室，尸体就倒在办公桌后面的地毯上。"除了电话，我什么都没碰过。"马丁这样和警长说。警长追问道："到底是怎么回事？ 你把来龙去脉都说清楚。"马丁说："死者叫汤姆，他给我打电话叫我过来，等我到了，他突然破口大骂，说我和他的妻子有奸情。我说他一定是弄错了，可是他变得更加生气，拉开抽屉拿出手枪边开枪边说一定要杀了我，幸亏我反应快躲过了一枪，但是我不能坐以待毙，我抢过手枪，打中了他。”警长戴上手套，小心翼翼地把枪拿起来，拉开抽屉，放回了原位。在桌子对面的墙上，警察发现了一颗弹头，就是马丁所说的射向他的那颗，而且那颗弹头上只留有死者的指纹。

警长却指控马丁故意杀人。这是为什么呢？

案例分析

马丁说自己除了电话什么也没碰过，是死者首先拉开抽屉拿手枪向他射击的，但是就算是再细心的人，也不可能拿出枪后关上抽屉再射击，更何况当时死者正在气头上。所以马丁在撒谎，他不是自卫杀人，而是故意杀人。

被抢劫的兄妹

有一次，马尔斯探长到一个偏僻的小村庄处理案件。村子里有一对兄妹，哥哥叫约翰，妹妹叫海蒂，妹妹有个混账儿子叫兰迪。他们以开一家小店维生。

一天早上，邻居发现兄妹家遭到了抢劫。约翰倒在血泊里，不省人事。海蒂被刺中要害，已经断了气。马尔斯探长发现火炉中有一把菜刀的残骸，已经验不出指纹。警察将调查重点放在了兰迪身上，因为他是当地臭名昭著的混混，而且在现场发现了兰迪留下的指纹。马尔斯探长听说了之后，去警察局里审讯兰迪。兰迪说：“那天下午我去了母亲那里，让她给我缝一下衣服，母亲在缝衣服的时候让我整理一下皮包中的票和现金，我办好这些事后就回家了。”“你舅舅对你怎么样？”马尔斯探长继续问道。“他一直看不起我，当天他不断地对我翻白眼。”兰迪回答说。

马尔斯探长再次来到兄妹家。只见约翰躺在床上几乎不能动，皮包上有明显的兰迪的指纹，皮包里面的票散落得到处都是，2 万美元现金不见了。桌上有一支蜡烛，从烛泪来看，这只蜡烛昨晚被使用过。顺着烛泪，马尔斯探长来到了一间储藏室，找到了一只木桶。全封闭的木桶上面只有一个

倒油的小洞，马尔斯探长命人打开这只木桶，案件就真相大白了。

你知道马尔斯探长是怎么推理的吗？

案例分析

凶手将菜刀扔进火里显然是想要毁灭罪证，但是如果凶手是兰迪的话，他的指纹还留在皮包上，他为什么不将皮包也一同扔进火里烧掉呢？而且兰迪是下午来找母亲的，按理说这个时间还不需要点蜡烛，但是蜡烛确实是昨天晚上被点燃的。如果那个时候约翰和海蒂都已经被害，又怎么点燃蜡烛呢？马尔斯探长在储藏室的木桶里找到了丢失的2万美元现金，所以他推断凶手不是别人，就是约翰。

兰迪虽然是个不学无术的混混，但是在海蒂眼里，他毕竟是自己的亲生骨肉，还是会尽量在经济方面满足他。但是约翰就不同了，他看着自己辛苦挣的钱被兰迪挥霍一空，早就怀恨在心，他想出了杀死海蒂，嫁祸给兰迪的主意。所以在兰迪离开后，他就杀死海蒂，将皮包里的现金从木桶的小洞塞进去，再刺伤自己。

第九章

福尔摩斯传奇法：

发散思维：抓住迷雾中的那根绳

第一节

福尔摩斯告诉你，思维是怎样发散的

突破束缚，视野广阔

美国朗讯公司的贝尔实验室是一个令人肃然起敬的名字。那里培养了11位诺贝尔奖获得者，产生了改变世界的发明。很多理工科毕业生把进入贝尔实验室工作当作一种无上的光荣。贝尔实验室作为世界一流的研发机构，有什么特点呢？在贝尔实验室创办人的塑像下面镌刻着一句话："有时需要离开常走的大道，潜入森林，你就会发现前所未有的东西。"

法国生物学家贝尔纳也说过："妨碍学习的最大障碍并不是未知的东西，而是已知的东西。"思维定式让我们能在处理熟悉的问题时驾轻就熟，得心应手，并能使问题圆满解决。但在需要开拓创新的时候，思维定式就会变成思维的枷锁，阻碍新思维、新方法的构建，也阻碍新知识的吸收。所以，思维定式和创新的教育是互相矛盾的。创新教育需要我们有发散性的思维，即不依常规，寻求变革，从不同角度用不同的方法对给出的信息进行分析，进而解决问题。有时会有意想不到的效果。

20世纪50年代，世界很多国家在研究制造晶体管的原料——锗。其中的关键技术是将锗提炼得非常纯。日本著名的诺贝尔奖获得者半导体专家江崎和助手在长期的实验中，无论怎样仔细操作，总避免不了混入一些杂质，严重影响了晶体管参数的一致性。有一次，他突然想，假如采用相反的操作过程，有意地添加少量杂质，结果会怎样呢？经过实验，当锗的纯度降低到原来的一半时，性能优良的一种半导体材料终于诞生了。这是发散思维的又一成功事例。

发散思维是一种重要的创造性思维，具有流畅性、变通性和独创性等特点。它是创新的必要条件，它的应用范围也非常广泛。

那么，我们要怎样锻炼自己的发散思维呢？

第一，要发挥想象力。爱因斯坦说过："想象力比知识更重要，因为知识是有限的，而想象力是概括世界上所有的事物的，并且是知识进化的源泉之一。严格地说，想象力是科学研究的一个真正的因素。"爱因斯坦本人就是这句话的实践典范，他的广义相对论就是在头脑里做思想实验时发现的。

第二，淡化标准答案，鼓励多向思维。标准答案只有一个，如果永远只是按照标准答案的方向去思考问题，那我们的思维方式就不会有所突破。单向思维大多是低水平的发散，多向思维才是高质量的思维。尽可能给自己多提一些假设类的问题，可以促进自己换个角度去思考，想自己或别人没想过的问题。

第三，大胆质疑。尽信书不如无书，书本上的东西不一定都是对的。真理有其绝对性，也有其相对性，任何一篇文章都有可推敲之处，在质疑的过程中，增加自己的创造性，理解性地记忆知识，比机械化地看书往往要事半功倍。

第四，反向思维，也叫逆向思维，它也是发散思维的一种。反向思维不受传统观念的束缚，常常可以突破常规，又不违背生活的实际。

我国生产抽油烟机的厂家都是在如何能"不沾油"上下功夫，但是绝对不沾油是做不到的，用户每隔半年左右还得清洗一次抽油烟机。有一位美国的发明家却从相反方向去考虑问题，他发明了专门能吸附油污的一种纸，把它贴在抽油烟机的内壁上，油污就被吸附纸吸收，用户只需定期更换吸油纸，就能保证抽油烟机干净如初。这就是反向思维的典型实例。

发散思维是创造性思维的关键要素。它与情感有密切关系。如果能够想办法激发思维者的兴趣，产生激情，把信息情绪化，赋予信息以感情色彩，将会提高发散思维的速度与效果。

一题多解，一事多写

一题多解，一事多写主要是讲我们看待事物的角度问题，即不要只从某个方向去单一地看待问题，要多角度多层次地考虑问题，这样可以更全面地认识事物。

就拿一片叶子来说，在孩子、男人、女人、老人看来都会有所不同，在不同的职业、不同的阶层、不同的地域看来也是不一样的。画家看到的是一幅美丽的画；音乐家看到的是优雅的音符；植物学家看到的是细胞和生态；经济学家看到的是有经济价值的新品种；作家看到的是一篇文章；幻想家看到的是一个世界；学生看到的可能是一张书签。一千个人眼里有一千片叶子，这就是多样性的价值体现。

发散思维不仅让人们能更好地认识世界，也对改造世界做出了不小的贡献。

1775年，美国独立战争爆发，在总司令华盛顿的领导下，美军取得了决定性的胜利，将英军从大陆撵到海上。但是英军利用海上优势决定卷土重来，纠集大批战舰轮番轰炸美国海防路军。美军损失惨重，奈何海军力量不如英国的强大，只能被动挨打。

士兵中有个叫大卫·布什内尔的，一天傍晚，他和几个士兵到海边散步，海水清澈，里面的浮游生物被看得一清二楚。有一群机灵的小鱼在海里游着，突然，水下有一条大鱼悄悄地游到了小鱼的下方，朝上猛地一跃，咬住了一条小鱼，就这样笨拙的大鱼抓住了灵活的小鱼。布什内尔看到后大受启发，他利用发散思维，想到可以造一艘像大鱼那样能潜到船下面的机器，偷偷钻到英国战舰下放水雷。布什内尔把这个想法告诉了战友，他们排除万难，果然建了一艘能下潜的船。一天晚上，他们几个士兵驾驶着这艘被起名为“海龟”的船偷袭了英军，英军以为遇到了什么怪物，赶快逃跑，从此再也不敢在美国沿海耀武扬威。

经过人们的继续改善，“海龟”演变成了我们今天的潜水艇，在海战中

大显神威。现在的潜水艇除了用于作战，还主要用于开发海洋资源和科学考察，它的作用也由破坏变为造福人类。如果不是布什内尔的发散思维，那么潜水艇可能还要再推后很多年才被发明，是发散思维改变了我们每个人的生活方式和对科学的探索方式。

8 岁时，齐奥尔科夫斯基的母亲送给他一个大氢气球，氢气球在空中能自由飘动，这引起了他极大的兴趣。他常常仰望天空聚精会神地思索：可不可以乘坐气球去旅行呢？发散思维是创新的基础，而想象是发散思维的基础。那时起，齐奥尔科夫斯基在心里就种下了制造悬在天空中的一个金属气球的想法，想制造一种飞行器。

当时有很多人把他贬为“无用的空想家”和“狂妄的设计师”。但是，这一切都没有阻挡他探索攀登的步伐。

有志者，事竟成。1883 年，他阐明了宇宙飞船的设计方案。1903 年，他发明了著名的齐奥尔科夫斯基公式——火箭运动公式。他首次提出了液体燃料火箭的想法，并设计了世界上第一幅液体火箭发动机的构造示意图。1929 年，他首次提出了多节火箭的设想。他还大胆提出了建立星际太空站的设想。如今，这些设想都已经成为现实。

突破旧的思维框架会让人的大脑拥有无穷的创造力，就像布什内尔和齐奥尔科夫斯基一样，在认识问题和研究问题的过程中，从多方面、多角度去考虑，可能会有意想不到的结果出现。在固有的思维模式和标准答案的作用下，我们的世界很难再有所发展，只有打破旧的，才能创造新的，只有运用想象力和创造力所组成的发散思维，我们才能更好地为社会的进步做出贡献。

横看成岭侧成峰

苏轼在《题西林壁》中写道：“横看成岭侧成峰，远近高低各不同。”说的是横着看时，整个庐山是一道道连绵起伏的山岭；侧面看时，它是一座座高峻峭立的险峰，从远处、近处、高处、低处分别去观察它的时候，它都会呈现出不同的样子。这句诗不但巧妙地刻画了西林壁变幻莫测的风景，还将深刻的哲理以非常生动有趣的画面进行了巧妙的展现，不失为一首好的风景诗和哲理诗。

人们对客观事物的认识都有一个由表及里、由部分到整体的过程，但是一些“先入为主”“人云亦云”的想法却往往会支配我们的思想，让我们做出不理性的判断。越是有生活阅历和丰富经验的人越容易犯这种管中窥豹的错误，这是由经验主义带来的结果，遇到我们见过的事物就觉得自己不必再认真去了解了。就像日常中我们常见的鸡蛋，我们看上一秒就会觉得对这枚鸡蛋的外形已经有了全面了解，但实际上，我们只是看到这枚鸡蛋在特定光源下的形状，很难说对它有了充分全面的了解，否则达·芬奇就不需要用十年的时间去画鸡蛋了。

对某个特定的客观事物进行认知的主体不同，看到的景象也是完全不同的。苏轼看到的山是一首诗，孩子看到的是绿色的游乐场，仁者看到的是包容和爱。就算是同一个人，在不同时期对同一事物的判断因标准的不同也会不尽相同。就像一个女人，她可以是同事、朋友、同学、母亲、儿媳、姑姑、姐姐、女儿……我们必须从多方面去观察、了解事物，拓宽自己的视野，这样才能最大限度地了解事物的真相。这也是利用发散思维去认识世界的一种方法。

有人做过这样一个实验，将一群蜜蜂放进一个敞口的瓶子里，并将瓶底对准阳光。遗憾的是，这些蜜蜂竟没有一只能够飞出来。因为它们不懂得换一个角度看问题，只想飞向有阳光的地方，以为那样就能出来，却对稍稍暗淡的瓶口不理不睬，最终全部撞死在瓶底。

有时我们看待事物就像这些蜜蜂一样，只看到了一面就轻易下结论，往往会一错再错。换一个角度看问题，看看被敞开的瓶口，我们可能会有别样的收获。

在大发明家托马斯·爱迪生 67 岁时，一场大火将他的实验室化为灰烬，

损失超过200万美元。在大火中，爱迪生的儿子找到了他的父亲，他的父亲正在平静地看着火势。第二天早上，爱迪生看着一片废墟说道："灾难自有它的价值。以前我们所有的谬误、过失都被烧了个干净，我们又可以从头再来了。"67岁，眼看着自己耗费一生的心血几乎付诸东流，面对这样的灾难，换了其他人都会感到命运的无情甚至绝望，而爱迪生却有那种勇气，可以昂然面对灾难，他更有那种睿智，可以换一个角度来看待问题。从灾难中他看到了价值，看到了可以"从头再来"，看到了新的希望。

当所有的东西被大火烧没时，怨天尤人于事无补。在这种时候，不如换一种角度去看待问题，用"塞翁失马，焉知非福"的心态去面对，收拾好心情准备重新开始。67岁的爱迪生有重新开始的勇气，我们也该学习这种智慧。

漫画家蔡志忠说：如果拿橘子比喻人生，一种是大而酸的，另一种就是小而甜的。拿到大的人会抱怨酸，拿到甜的人会抱怨小；而有些人拿到小的就会庆幸它是甜的，拿到酸的就会感谢它是大的。

每件事物和每个人都有多面性，想要全面地了解一个人或一件事，就要拥有发散性的思维，从能想到的各个角度去分析问题，在角度变换中不断收获、不断进步。

"诸葛亮会"

我们在上文中说过，要想全面了解一个人或者一件事，需要我们进行发散思维，从多角度、多层次去思考问题。但是一个人的力量毕竟是有限的，在一些复杂的、重大的问题上，我们可以集思广益，利用群众的力量，大家一起进行发散思维，这种方式常常被大家戏称为"诸葛亮会"。大家聚在一起，为了一个共同的目标贡献自己的力量。"众人拾柴火焰高"，大家一起探讨某件事往往可以看得更加全面，找到相对合理的解决办法。

三国时，刘备死后，刘禅继位，他就是蜀汉后主。由于后主年轻，朝堂中的大小国事都由丞相诸葛亮来拿主意。这样，诸葛亮权倾朝野，成了蜀国政权的实际掌握者。虽然诸葛亮的威望很高，功勋卓著，但他从不骄傲，而是经常听取下级的意见，改正工作中的缺失。

丞相府中，有一位掌管文书事务的主簿官，名叫杨颙。当时，他看到诸葛亮对每一件事情都要过问，觉得这种工作作风对于蜀国的发展极为不利。

有一次，杨颙对诸葛亮说，处理国家大事，上下之间应该有不同的分工。他还引经据典，列举了史书上的一些著名例子，劝诸葛亮不必对一切文书都亲自处理，不要为琐碎的小事而劳神，应该把一些琐细的事情交给下属去办，而自己则履行丞相职责，只抓军政大事。

诸葛亮觉得杨颙的意见很有道理，因此对他的提醒非常感激。但是因为刘备对自己恩深如海，他唯恐一时不慎，辜负了刘备所托的大事，仍然亲自处理大小事务。后来杨颙染上重病而死，诸葛亮心里非常悲伤，一连痛哭了好几天。诸葛亮还特别写了一篇文告，鼓励下属参政议政，多提意见。

这篇文告就是著名的《与群下教》。诸葛亮在文中写道："国家大事需要大家共同讨论，所以丞相府让大家都来议论政事，以便集中众人的智慧和意见，广泛地听取各方面的真知灼见，从而振兴汉室江山。"

智慧如诸葛亮尚且不敢自己决定蜀国的大小事宜，我国历朝历代的明君身边也必有忠臣辅佐，我们从中能受到什么启发呢？对于我们普通人来说，虽然可能不会遇到特别大的事情，但是在我们的生活中也会出现一些自己难以决定的事情，这时候，我们除发挥主观能动性，让自己的发散思维活跃起来外，也可以将事情告诉家人或者朋友，让他们一起出谋划策，集众人的智慧解决问题，往往能达到令人惊喜的效果。在商场上也是这样，也许一个好点子就是一家企业的救命稻草，而这个好点子需要集众人的智慧想出来。

一家日用品公司生产的牙膏非常好用。但是有一次，一位顾客在商场购买了该公司生产的牙膏，回家后才发现牙膏盒里没有物品，只是一个空壳，因此顾客把商场告上了法院。这么一折腾，这家公司声誉全无，濒临倒闭。

就此，公司总经理组织员工把所有已经包装好的产品拆开检查，发现

空壳率仅为千分之一。为了避免再度发生空壳事件，公司花费数十万美元购置了一台X光机，用医学上的透视技术检查成品，确保盒里有物品。从此，空壳问题解决了。

同城的另一家小型公司也生产牙膏，同样存在空壳问题。由于公司规模小，资金有限，不可能购买X光机，董事长号召全体员工想办法。一位工人到郊外散心，心里仍然惦念这件事情。此时，秋意正浓，风从山谷吹来，把落叶吹了起来。他突然有了主意。

回到公司，他把这一情况向董事长做了汇报，董事长让下属立即买来一台大功率电扇，对着装有成品牙膏的盒子吹，空的自然吹出流水线，不空的则进入最后一道包装工序。

小公司用电扇代替X光机的方法想得实在巧妙，给公司节省了一大笔开支，又解决了问题，能想出来这个办法也是因为公司的董事长像前文中的诸葛亮一样懂得集思广益，全公司的人进行发散思维总比一个人的力量要大。这充分说明了如果一个领导做事情不固执己见，善于群策群力、广开言路，发动大家出主意、想方法，并善于听取大家的意见，就能让解决问题的智慧像泉水一样涌流。所以，“诸葛亮会”要常开，更要开得有价值。

发散思维的特点

发散思维是培养创新思维能力的重要途径，它具有流畅性、变通性和独创性等特点。例如，鱼的做法有烧鱼汤、蒸鱼、醋熘鱼、生鱼片、煎鱼、炸鱼、腌咸鱼、晒鱼干等不同类型。

发散思维的流畅性就是观念的自由发挥。指在尽可能短的时间内生成并表达出尽可能多的思维观念以及较快地适应、消化新的思想和概念。机智与流畅性密切相关，流畅性反映的是发散思维的速度和数量特征；变通性则是克服人们头脑中某种自己设置的僵化的思维框架，按照某一新的方向来思索问题的过程，变通性需要借助横向类比、跨域转化、触类旁通，使发散思维沿着不同的方面和方向扩散，表现出极其丰富的多样性和多面性；

独创性是指人们在发散思维中做出不同寻常的异于他人的新奇反应的能力，独创性是发散思维的最高目标。发散性思维不仅可以借由视觉思维和听觉思维产生，也会充分利用其他感官接收信息并进行加工，这是其多感官性。

13岁的乔利·贝朗在一个贵族家里当杂工，他包揽了所有的脏活累活。贵妇吩咐乔利把一件礼服熨一下，他一不留意，碰翻了桌子上的煤油灯，那件昂贵的礼服上被滴上了几大滴煤油。贵妇人气急败坏地跑过来吼道："这件衣服归你了，我要从你的工钱里把衣服钱扣出来，从今天起，你就准备给我白干一年活吧。"

乔利很无奈，他把让自己倒大霉的衣服挂在床前，时刻提醒着自己干活时要谨慎。过了些日子，他突然发现，被煤油浸过的地方不但没脏，反而原先的污渍也消失了。"你此刻把这件衣服给夫人送回去，没准她能少扣你些工钱。"与他同屋的一个男孩提醒他。乔利摇摇头说："不必了，我还要拿它做实验呢。"就这样，经过反复的实验，他又在煤油里加入了其他一些化学原料，最后研制出了"干洗剂"。

一年之后，乔利开了世界上第一家干洗店。几年的时间，他就成了全球闻名的干洗店大亨。所以，不必抱怨工作中的失误，或许它就是成功的契机。

当时乔利只是一个13岁的孩子，在遇到这样偶然发生的"倒霉事件"的时候，他或许有些沮丧，但是他也懂得汲取经验，避免以后类似事情的发生。在发现有煤油的地方污渍都消失了之后，乔利利用发散思维，联想到可以煤油为主材料发明一种干洗剂，最后果然让他发现了商机。所以对于生活中的大事小情，发散思维的应用都是有好处的。我们应该有意识地去锻炼我们的发散思维，也许在哪天遇到亟待解决的事情时，它会给你惊喜。

第二节
成功利用发散思维的案例

孤寡老人报警

一位独自居住的老人在家里不慎跌倒，头撞到了桌角上。绝望之中，他看到了旁边的电话。他忍着剧痛，抓起话筒，拨打了报警号码。

当晚警察局的值班员听到电话铃声，马上拿起话筒，说：“您好，这里是警察局，请问您有什么事？”电话这头的老人濒临昏迷，没法很快回答值班员的问题。值班员从话筒里只能听到艰难的喘息声，他耐着性子等了很久，终于从电话里传来了一丝虚弱的声音：“我不行了，救命……”“你是谁？你在哪儿？”“我在家里摔倒了……”“请告诉我们门牌号码，我们立刻过去！”“我……我记不清了……”“是在市区吗？”“是的，靠马路……灯太亮……我受不了……快来呀……”对方大概昏迷过去了，只能听到电话那头隐约的喘息声。

人命关天，但是得先查出老人的住址才行。值班员看着手里尚未挂断却无人应答的话筒，果断派人出发，最终他们找到了那位老人。

值班员是用什么办法找到老人的呢？

案例分析

要找到老人就要运用到发散思维，值班警察先梳理老人现有的资料，独居、家是临街的、在市区里，还有就是电话还没有被挂断，所以先将范围锁定在市区，然后值班员让警车沿街鸣笛。因为老人的电话还没被挂断，所以一旦警车经过老人所住的街道，警笛声就会通过老人的话筒传到值班室，一旦传入，值班员立即让警车上的同事就近查找。后来，他们果真找到了那位老人。

秘密通道

杰克将画送到本的住宅，却发现大门是开着的。就在他要走进客厅时，突然听到卧室里传来阵阵痛苦的呻吟声。他闯进去一看，大吃一惊，有个警察受伤倒在地上，四周却没有发现本的身影。杰克手足无措地愣在原地。受伤的警察发出微弱的声音："秘密……地道……逃走了……"边说边用手指着床旁边的一块地板，"开……关……米勒……"警察说完就断气了。杰克走到警察指着的那块地板旁边，想掀开它，却怎么也打不开。他想到警察提到开关、米勒，难道地道的开关被藏在米勒的那幅画后面？这幅画是米勒上次送过来的。他走到钢琴旁，把这幅画拿下来，看着被粉刷得雪白的墙壁，怎么也找不到开关。就在他焦虑不安的时候，突然灵机一动，"原来是在这儿。"杰克终于找到了地道开关。

你知道开关在哪儿吗？

杰克发现米勒画的旁边还放着一架钢琴，不禁有些怀疑，再运用发散思维转念一想，垂死的警察说的"米勒"应该不是指米勒的画，而是钢琴上"3""2"两个琴键。杰克按下这两个琴键，秘密地道的门果然被打开了。地道通向后巷的下水道，估计凶手就是顺着这条路逃跑的。

处决见死不救者

一位年轻人在家里被人杀害，警察队长在现场找到一本杂志，其中一个版面旁边用记号笔写着："见死不救者，杀无赦！"这版上的新闻写的是在大街上一名女学生被人捅了一刀，围观者竟无一人出手相助，都眼睁睁地看着她痛苦死去。文章旁边有一张照片，就是当时事件发生的情景。警察队长看到本案的受害者就在围观者的中间，她的头部被圈了起来，此

外，照片上还有五个围观者：一个40多岁的中年妇女、整个左臂都是文身的青年、一位年轻的母亲带着她看似小学生的女儿，还有一位头发花白的老人。

警察队长马上派人去保护照片中围观的五个人，但是几天后，凶案还是发生了，你能猜到死者是谁吗？

案例分析

我们要运用发散思维去看待这个问题，照片上的围观者都被警方严密地保护起来了，不可能遇害，但是事件的目击者不一定只有照片上的人，不然这张照片是怎么来的呢？所以目击者还有没被警方保护起来的拍摄这张照片的记者。

走私犯之谜

亚伦是一名私家侦探，他最大的乐趣就是破解一个又一个的难题，他有个当警察的朋友叫查尔斯，有时候查尔斯会将自己手头上棘手的问题交给亚伦处理。

有一天，亚伦正在家里无聊地看电视，查尔斯的电话打了过来。他对亚伦说："最近我们收到线报，说有国际走私组织装成外国游客的样子到我们境内了，我们刚刚在机场拦住了四个形迹可疑的外国人，请你帮忙辨别一下谁是走私犯，他们的口供是这样的：

"第一个人说：我是日本人，昨天在北海道超速开车，被警察拦下来向我要身份证和驾照，唉，真是倒霉。

"第二个人说：我是从加拿大来的，前两天在加拿大连超了公路右侧的好几辆车，害得我都违规了。

"第三个人说：我是英国人，前两天在英国开车闯了红灯，被警车从右侧超车给拦了下来，在交通部应该有备案。

"第四个人说：我是从埃及来的，欢迎你们到我们埃及骑着双峰骆驼到处游览。”

亚伦听完这四人的证词，对电话那边的查尔斯说：“我知道走私犯是谁了。”

你知道吗？

日本人有驾驶执照、学生证、员工证、保险证，但就是没有全国统一的身份证，所以第一个人在说谎。加拿大在1946年改成靠右行驶了，所以第二个人的确是外国游客。英国的车辆都是靠左行驶的，警车超车只能从右侧进行，所以第三个人说的也是实话。双峰骆驼主要分布在温带大陆性气候区，特别是温带沙漠气候区，如我国的新疆、中亚地区的哈萨克斯坦等地，埃及是没有双峰骆驼的，所以第四个人也在说谎。

题目中并没有说走私犯只是一个人，但是我们的思维定式可能会让我们以为只有一个走私犯。经过严密的推理和逻辑分析，我们会发现有两个人在说谎，所以走私犯是第一个人和第四个人。

最毒的毒药

很久以前，有两个村子，一个叫白村，一个叫黑村，两个村的村民都致力于制造很强毒性的毒药，而毒药的唯一解药就是毒性更强的毒药，如若不能及时喝下更强的毒药，就会在十分钟之内死亡。

一天，两个村子的人想要来一场比试，看看哪个村子做出来的毒药毒性更强。比赛规则是双方各带一瓶毒药，先把对方瓶中的毒药喝掉一半，再把药瓶换回来，把自己的毒药喝完，十分钟之后，谁能活下来谁就赢了。

黑村的村长知道白村拥有最毒的毒药，自己的毒药没有白村的毒药毒性强，也知道白村的村长在比赛时一定会用那瓶最毒的毒药。比赛如期举行，最后却是黑村赢得了比赛。

你知道黑村的村长用了什么方法吗？

我们要充分发挥思维的能动性，想一想黑村村长用什么方法才能赢。

黑村村长先喝掉一瓶毒性不太强的毒药，然后拿着一瓶白开水去比赛。比赛时，黑村村长喝掉白村村长手里的毒药就能把之前喝的毒药的毒给解了，这时，白村村长喝的是黑村村长带来的半瓶白开水。然后两人进行交换，黑村村长喝掉自己的白开水，白村村长喝掉自己的毒药。结果白村村长找不到比自己的毒药还毒的药了，于是就被毒死了。

绑架珠宝大王

某市著名的珠宝大王被人绑架了，绑匪和珠宝大王的家人联系，要求他们把500万欧元现金放在一个手提箱里。第二天上午十点，放在当地最繁华的广场南侧的右数第二个垃圾桶旁边。为了防止绑匪撕票，珠宝大王的家人只好按照绑匪说的做。

十点半左右，一个年轻人拿走了垃圾桶旁的赎金，他全然不顾埋伏在周围的警察，快速撤离现场。在发现被人跟踪后，他拦了一辆出租车，警方立刻派车继续跟踪。只见那个年轻人在香榭丽舍大街地铁站下了出租车，警察看到他把皮箱放在寄存处，然后空着手上了地铁。警察想继续跟上地铁的时候，但地铁门已经关了。但是赎金还在寄存处，他或者他的同伙一定会回来拿的。于是警方在寄存处的附近严密布控，24小时不间断。

可是过了很久都没有人来拿箱子，警方觉得不太对劲，就叫人把皮箱打开，谁知箱子里的500万欧元已经不翼而飞了。

是谁用什么方法把钱拿走了呢？

年轻人肯定知道自己在做违法犯罪的事情，也知道警察在周围有埋伏，

但是他敢来拿走箱子就说明他们早就已经想好怎么转移赃款，怎么脱身了，他放在寄存处的箱子是空的，说明他到寄存处之前就已经把钱转移走了。从取赃款到寄存处这段路程中，他唯一接触的就是出租车司机了，出租车司机应该是绑匪的同伙，是他把钱带走了。

巨额彩票

伊格纳兹有买彩票的习惯，但是之前从没中过奖，这次他却很幸运地中了一个二等奖，奖金有 100 万美元。伊格纳兹正想着明天一早去领奖，但是没承想，对着大海的那扇窗户突然被风吹开，桌子上的彩票直接被卷走，掉进了海里。风停了之后，他的朋友来拜访他，他们去海滩上一起散步，伊格纳兹告诉他的朋友这个不幸的消息，朋友听完就开始低头观察一只海鸥的脚印，因为正是退潮期间，所以脚印没有被海水抹掉，从脚印看，海鸥起飞时面朝大海。朋友问道：“你是亲眼看见彩票被吹到海里的吗？”伊格纳兹回答：“不，是我的佣人告诉我的。”朋友斩钉截铁地对伊格纳兹说：“你的佣人在撒谎，彩票还在。”

朋友说彩票还在的依据是什么呢？

朋友看出海鸥是面对着大海起飞的，根据常识，我们知道海鸥都是逆风飞翔的，当时风向是从大海吹向陆地的，所以彩票绝不会被吹到海里。佣人在说谎，是他偷走了彩票。

蓝眼睛的警察

一批非常珍贵的集邮册由麦克负责运送，因为价值高昂，一路上都有警察护送，但是中途还是被人偷走了。

探长问麦克："你确定是警察拿走了集邮册吗？"麦克着急地回答："是啊！去边界的路上，有两个墨西哥警察一直都跟着，一个在前，一个在后。但是到边界后就换成了两个美国警察，他们都骑着警用摩托车，穿着警察制服和靴子，戴着墨镜、手套，其中一个跟我差不多高，有啤酒肚，蓝眼睛，三十岁到三十五岁，另一个又高又壮，有小胡子。"

探长说："你是说事情就发生在几分钟里，你和他们同时停下之后，他们过来拿了集邮册就走了，你一个人被扔在了路边，是吗？""对！就是这样！"麦克兴奋起来。"别再撒谎了，你就是那个偷集邮册的贼！"探长对麦克说。

探长为什么说麦克就是那个贼呢？

麦克说美国那边的两名警察穿戴着全套的服装，还戴着墨镜，但是他们如果都戴着墨镜，麦克又怎么会知道警察的眼睛是蓝色的呢？所以麦克是在编造故事，他就是那个真正的窃贼。

意外还是谋杀

在一个雨夜，奥斯汀从楼梯摔了下来，警察判断是意外，但是奥斯汀的姐姐不接受这个结果，所以她去找私家侦探重新调查事情的原委。

"我弟弟有火灾恐惧症，可能是他睡觉时梦见失火了，半夜一点多，他一边叫'失火啦'一边往屋外冲，结果就从太平梯上摔了下去，这些是奥斯汀的室友本告诉我的。"侦探和姐姐再次来到事发地点，这是一栋四层的旧楼，太平梯在大楼外面，公寓的管理员走过来和他们说："奥斯汀当天就倒在这里，雨下得很大，他的镜片摔碎了一个。"侦探让管理员把奥斯汀的公寓门打开，本不在家，侦探仔细搜查奥斯汀的物品，边搜边说："会不会是本把奥斯汀推下楼的？""不可能，当天有很多目击证人看到奥斯汀是自己掉下去的，当时本一脸茫然地从房间里出来，想和其他人一起拉住他，但是来不及了。”管理员说完的同时，侦探从奥斯汀的抽屉里看到一副只剩下一只镜片的眼镜，他请奥斯汀的姐姐帮忙端一杯水过来，侦探将眼镜小心翼翼地放在清水中，结果水里泛出了一些红色。侦探恍然大悟，说："奥斯汀的死不是意外，而是蓄意谋杀。"

侦探为什么这么说呢？

案例分析

红色很容易让人联想到火的颜色，而且事实证明奥斯汀出事的那天晚上根本没有火灾，如果说是梦见了着火，奥斯汀醒来后就会发现这是梦，怎么会不顾一切地冲向太平梯呢？除非有人故意让他以为是着火了，这个人就是本。本趁着奥斯汀睡着时，在他的镜片上涂了红墨水，再给他戴上，然后将奥斯汀摇醒。奥斯汀本来就有火灾恐惧症，醒来后见眼前一片红色，以为真的着火了，急忙跑出去想从太平梯下楼，谁知道下雨天路太滑，一不小心奥斯汀就从楼上摔了下去。

借宿的替死鬼

大阪某公寓突然有一声枪响，接着一个蒙面人冲下楼逃跑了。警察赶到现场，发现受害人额头中枪，大门上也有一个手枪打出来的洞，显然受害人是在开门前被人隔着门用手枪击毙的。管理员说死者不是这间房的住户，因为住户是个身高1.6米的跆拳道教练，目测死者的身高至少有1.8米。经化验，发现死者是前两天因抢劫1000万日元而被通缉的在逃犯——山崎修介。警察找到房主松本信玄，告知他山崎修介的事情，松本信玄非常惊讶，说山崎是他的高中同学，昨天到他家来借宿，没想到当了他的替死鬼。警察听到“替死鬼”三个字非常惊讶，松本解释说：“在之前的一场跆拳道比赛中，有个人威胁我，让我故意输给对手，如果我照做的话。他们会给我100万日元，不然有我好看，但最后我还是拒绝了，没想到他们把山崎当成了我……”不等松本说完，警察就说：“别演戏了，你是这件案子的帮凶，你想杀了山崎抢走

那笔赃款。”

警察是怎样识破松本的阴谋的呢？

在偶然的情况下，山崎来到松本家借宿，他现在是在逃犯，所以肯定不会让人知道他躲在哪儿。松本身高 1.6 米，山崎身高 1.8 米，凶手隔着门可以准确地射中山崎的额头，说明凶手知道在房间里的不是松本，而是山崎，而这一点只能是松本告诉他的。所以松本是帮凶。

过气明星的婚姻

私家侦探鲍勃被演员吉米请去调查吉米妻子的婚外情。吉米属于还没红就过气了的那种明星，他的妻子瑞贝卡是个年轻的芭蕾舞演员，于是吉米就开始怀疑妻子和一个贵族青年有染。

经过一段时间的调查，鲍勃没有发现瑞贝卡有出轨之事，自己却陷入了对瑞贝卡的爱恋之中，他情不自禁地向她表明心意。瑞贝卡拒绝了鲍勃，瑞贝卡很爱自己的丈夫，当初他们还各自为对方投保了 800 万美元的保险金来证明对对方的爱意。

由此鲍勃更加敬佩瑞贝卡的忠贞不渝，他向吉米说明了瑞贝卡的清白，可是就在这时，他们突然听到了瑞贝卡喊“救命”的声音，声音好像是从悬崖的方向传过来的。他们赶快朝悬崖跑去，鲍勃跑到了悬崖上边，吉米绕路跑向了悬崖下边，可是两人都没有找到瑞贝卡。三天后，有人在河的下游发现了瑞贝卡的尸体，是被人用刀杀死的，经法医检验，她死于三天前。

请还原案件的真相。

吉米作为一名过气明星，生活很拮据，偏偏在这时，他的妻子瑞贝卡和

一个年轻多金的贵族纠缠不清，所以他就想来个一石二鸟。吉米和瑞贝卡串通好了要骗取保险金，他请来私家侦探鲍勃做目击证人，让瑞贝卡在悬崖处喊“救命”然后跳水，本来说好的是瑞贝卡跳下去之后要在一段时间内藏起来，可是没想到，吉米立刻跑到崖下，等瑞贝卡从河里上岸的时候趁机给了她一刀，杀死了她。

第十章

福尔摩斯传说法：

逆向思维：从后往前，追溯事件源头

第一节
福尔摩斯告诉你，如何反其道而行之

步步紧逼，追寻真相

有一次，美洲草原上突然失火，烈火凭借着风势肆意狂舞，所到之处都被化为灰烬。当时正在草原上游玩的一群游客惊慌失措，四散奔逃，幸好他们之中有一名当地的导游，导游见形势危急、刻不容缓，他大声喊道："大家不要慌，想活命就听我的。"他让大家同心协力拔掉面前的一片干草，清出一片空地来。这时，火势越来越大，情况危险至极，但导游胸有成竹，他让大家站到空地的一边，自己则站在靠大火的一边。大火像金蛇一样舞动，越来越近，导游在自己脚下果断地放起火来，瞬间他身边升起一道火墙，并同时向三个方向蔓延开来。奇迹发生了，导游点的火并没有顺着风势烧过来，而是像个卫士一样朝着那边的火烧过去。当两堆火终于要碰到一起的时候，火势骤然减弱，然后渐渐熄灭了。

逆向思维总是能帮助我们在困难中找到出路，导游就是运用了逆向思维，才想出了以火灭火的方法，不然可能所有人都要葬身火海了。

在拍合照的时候，摄影师经常会数"3，2，1"倒计时，被拍的人往往从开始数数的时候就睁大了眼睛，可是到拍的时候还是忍不住眨了眼。聪明的读者，你能想到一个方法解决这个问题吗？

我们要返回去考虑一下这种情况发生的原因，因为从"3"开始我们就保持眼睛是尽量睁开的状态，而人的眼睛睁的时间长了就需要通过眨眼来补充水分，那么到"1"的时候，我们就自然而然地忍不住要闭眼了。针对这一点的反面是不要长时间保持眼睛睁开，也就是闭上眼睛。所以我们想

到的新办法就是大家都先一起闭上眼睛，等倒计时数到“1”时再一起睁眼。

任何事物都有两面性，我们不要单一地思考问题，逆向思维有时会给我们带来意想不到的惊喜。

“司马光砸缸”之启示

有一次，司马光和小伙伴们在后院里玩耍。院子里有一口大水缸，有个小孩爬到缸沿上玩，一不小心掉到了缸里。缸里面的水很深，那孩子眼看快要被没顶了。别的孩子一见出了事，吓得边哭边喊，跑到外面向大人求救。司马光却急中生智，从地上捡起一块大石头，使劲向水缸砸去，“砰！”水缸破了，缸里的水流了出来，淹在水里的小孩也得救了。小小的司马光遇事沉着冷静，从小就聪明伶俐。这就是流传至今的“司马光砸缸”的故事。

我们从小就很熟悉这个故事，但是可能很少有人会去思考这个故事蕴含的逆向思维方式。大多数人见到小孩落水，想的更多的是要赶快把小孩从水里救出来。司马光当时年纪太小，没有能力把小伙伴从大水缸里救上来，但是小伙伴眼看就要没命了，然而还有一个方法可以救他的命，就是让水流出来，小伙伴因此得救了。所以逆向思维在关键时刻可以救人一命。

有两个小摊贩在夜市上卖土豆粉，每天两人同时出摊，同时收摊。一年后，其中一个人买了闹市区的房子，另一个人仍然一无所有，为什么结果不一样呢？原因是刚出锅的土豆粉都很烫，后来买下房子的摊主每次做好之后，都把砂锅先放在冰上冰 30 秒再端给顾客，顾客吃的时候温度刚好；另一个摊主在做好后直接就端给顾客，顾客感觉太烫了，吃不下。就是这短短的 30 秒，使得两个摊位的客流量完全不一样。顾客多的这个摊主懂得从顾客的角度出发思考问题，给顾客带来了方便，那么顾客自然更喜欢光顾他的摊位。

南唐后主李煜派博学善辩的徐铉到大宋进贡。按照惯例，大宋朝廷要派一名官员与徐铉一起入朝。但朝中大臣都认为自己辞令比不上徐铉，谁都不敢应战，最后此情况被反映到宋太祖那里。

太祖的做法大大出乎了众人的意料。他命人找十名不识字的侍卫，把他们的名字写上并送进宫，太祖用笔随便圈了个名字，说："这人可以。"在场的人都很吃惊，但也不敢提出异议，只好让这个还未明白是怎么回事的侍卫上路。

徐铉见了侍卫，滔滔不绝地讲了起来，侍卫根本搭不上话，只好连连点头。徐铉见来人只知点头，猜不出到底他有多大能耐，只好继续硬着头皮讲。一连几天，侍卫都不说话，徐铉也讲累了，于是也不再吭声了。

这就是历史上有名的宋太祖"以愚困智"。照一般的做法，对付善辩的人，应该是找一个更善辩的人，但宋太祖偏偏找一个不认识字的人去应对。这一做法反倒引起了辩论高手的猜疑。他认为前来的人是代表宋朝"国家级水平"的人，对大国猜不透，就不敢放肆。之所以能"以愚困智"，只因"智"之长处根本无法发挥。

与此有异曲同工之妙的还有诸葛亮的空城计。诸葛亮一人守城，面对司马懿的大军并没有慌乱，而是进行逆向思维，从司马懿的角度出发，凭着对司马懿多疑性格的了解，不战而屈人之兵。

人们习惯于沿着事物发展的正方向去思考问题并寻求解决办法。其实，对于某些问题，尤其是一些特殊问题，从结论往回推，倒过来思考，从求解回到已知条件，反过去想，或许会使问题简单化，使解决它变得轻而易举，甚至因此而有所发现并创造出惊天动地的奇迹来，这就是逆向思维的魅力。

如何得到美女的电话

傍晚，一个男生正在陪爷爷散步，不远处有一个气质美女，就忍不住多看了两眼。

爷爷问："喜欢吗？"男生不好意思地点点头。

爷爷又问："想要她的电话号码吗？"男生脸红了。

爷爷说："看我的。"然后转身向美女走去。

几分钟后，男生的电话响了，里面传来一个甜美的声音："你好，你爷爷迷路了，赶紧过来吧，我们在公园大门的位置。"

男生对爷爷简直佩服得五体投地，然后默默地把这个电话存了下来。

看到上面这个故事，我们可能不禁要笑着感叹一句"姜还是老的辣"，但是我们在这个笑话中是否也能得到一些逻辑上的启示呢？一般我们的想法可能是直接去找美女，询问可不可以交换电话号码，但是爷爷利用逆向思维，想办法让美女主动给男生打电话，不可谓不高明。

逆向思维是打破固有思维的一种思维模式，突破常态的一种思考方法，它是思维中一种较高级别的方法。数据分析需要逆向思维，日常生活中需要逆向思维，做生意同样需要逆向思维。

在春秋末期，商圣范蠡就经常用到这种逆推目标导向式思维。范蠡看到吴越一带需要好马，他知道在北方收购马匹并不难，在吴越卖掉马匹也不难，而且肯定能赚大钱。

问题是把马匹从北方运到吴越却很难，千里迢迢，人、马的住宿费用大暂且不说，最大的问题是当时正值兵荒马乱时期，沿途的盗贼很多，怎么办呢？

他通过了解知道，在北方市场有一个很有势力、经常贩运麻布到吴越的巨商姜子盾。姜子盾因经常贩运麻布，早已用金银买通了沿途的盗贼，范蠡把主意打在了姜子盾的身上。

这天，范蠡写了一张榜文，张贴在城门口，其意是：范蠡新组建了一组马队，开业酬宾，可免费帮人向吴越运送货物。不出所料，姜子盾主动找到范蠡，请求运麻布，范蠡满口答应。就这样，范蠡与姜子盾一路同行，货物连同马匹都安全到达吴越。马匹很快在吴越卖出，范蠡也因此大赚了一笔。

范蠡在运送马匹的时候同样运用了逆向思维，他的目的是把马匹安全运送到吴越。

要想达到自己的目的，如果按照正向思维模式，他就必须盘算自己的处境和情况，要花多少粮草钱、住宿钱、人工钱，怎么解决沿途盗匪的问题。

如果这样想，他很难实现自己的目标。但范蠡使用逆向思维，思考如果我想要达到这个目标，我需要的是什么？我需要的有谁能提供？而我又能帮助他什么？最后实现把马匹运送出去的结果。

通过逆向思维，范蠡解决了所有问题，还大赚了一笔，建立了人脉。在关键时刻逆向思维能帮助我们更好地解决麻烦的问题。

一个抠门的富豪，每次出门的时候都担心家里被盗，想买只狼狗看家护院，但是又不想花钱喂它。于是他想出了一个办法，每次在出门之前都把无线网络的密码改成无密码，然后放心地出门，这样每次回家都能看到十几个捧着手机的人蹲在自家门口，从此以后再也不用担心家里的安全问题了。

买狗看家就是一般性的正向思维，但是如果我们从目的往前推的话，会发现这并不是唯一的方法。富豪的目的是在自己出门的时候家中的安全有保障，那么除养狗外还有什么方法可以让自己不在家的时候家里不被盗呢？如果家门口有人，小偷就不敢轻易过来偷东西了，那么怎样才能让家门口有人呢？不设密码的无线网络就可以做到这一点。这是抠门富豪从逆向思维中推得的有效的防盗方式。

有时敢于反其道而行之会让复杂的事情简单化，这给解决问题提供了另外一种可能性。从问题的相反面进行探索，一个问题就被分成了两个方面来研究，我们就有可能对老问题进行创新。创新对我们的社会进步具有重要意义，所以有意识地锻炼我们的逆向思维能力是很有必要的。

老太太卖专利

以前，胶卷相机的原理是把胶卷放在相机里面，并卡在相机的齿轮上，合上后盖，然后开始拍照。拍一张，相机会自动转动这个齿轮，收起这段

胶卷，抽出新的一段胶卷。全部拍完之后，再把所有的胶卷反向卷回到胶卷盒，这时人可以打开相机后盖，取出胶卷。但是这种设计有个弊端，就是如果不小心打开了相机后盖，所有拍过的照片就会全部曝光。有个老太太想到，把胶卷放到相机里面时，先自动把所有的空白胶卷从胶卷盒里面卷出来，然后拍一张，再反向收回到那个胶卷盒里一张，直到全部拍完。这样，万一相机后盖被打开了，曝光的仅仅是空白胶卷。

老太太给她的这个设计申请了专利，然后卖给柯达公司，获得了70万美元的专利费。

这个想法一点都不难，甚至没有改变相机的设计，仅仅改变了齿轮马达的方向。老太太用的这种极其巧妙的思维，叫作逆向思维。

逆向思维常常可以使事情得到创造性的解决，生活中也处处可见逆向思维的成果。逆向思维又可以细分为几大类别，在此列举出其中四个：

1. 缺点逆向法：清康熙八年，安徽仙源县举子王致和赴京考试落第，又无盘缠返乡。王家原以做豆腐糊口，王致和亦懂此手艺，于是留京以磨豆腐谋生。一日，豆腐滞销，积存不少，王生怕豆腐变坏血本无归，便将豆腐切成小块，配以盐和香料置于坛中，并封其口，以为这样便可造出腐乳来。谁知过了一些日子，坛口打开，豆腐乳没做出来，豆腐却臭气熏天。王致和试尝着吃了一些，味道鲜美，遂将此臭豆腐试销，竟也获得顾客好评，臭豆腐从此流传开去。

2. 原理逆向法：在吸尘器发明之前，除尘的方法是多种多样的。有人用抹布，有人用小笤帚，在英国的铁路上则使用大功率的压气机往车厢里灌气，直接把垃圾吹出窗外。这时，车厢附近的人可就遭罪了。1902年，桥梁建筑师舒伯特·布特从这种压气机中得到启发，他想：尘土最好不要被向外吹，而是吸进带有过滤装置的封闭容器里。于是，吸尘器诞生了。

3. 心理逆向法：也属于我们常说的激将法。当年土豆传到法国时，法国农民并不愿意种，有人便出了一个怪招，在种植土豆的各个试验田边派全副武装的士兵日夜把守。周围的农民一见此阵势，认为地里种的肯定是金贵至极的好东西。于是，他们时常趁机溜进试验田，把偷回的土豆种在自家的地里。渐渐地，土豆成为法国农民广为种植的一种农作物。

4. 序位逆向法：孙膑是战国时期的著名军事家，他与齐国的将军田忌关系很好。田忌经常同齐威王赛马，马分三等，在比赛时，总是以上马对上马，中马对中马，下马对下马。齐威王每一个等级的马都要比田忌的强，所以田忌败了。孙膑知道此事后，给他出了个主意。赛马那天，孙膑让田忌以下马对齐威王的上马，再以上马对他的中马，最后以中马对他的下马。比赛结果是田忌一败两胜，田忌赢了。同样的马匹，由于调换了比赛顺序，就得以反败为胜。

中国古代哲学家老子说过这样一句话："有无相生，难易相成，长短相形，高下相倾，音声相和，前后相随。"这其中的哲学道理就包括逆向思维。逆向思维作为一种方法论，可以衍生出很多具有可操作性的细则，我们若是能掌握并且运用这些细则，将对我们的生活和工作有很积极的作用。

从结局往前走，柳暗花明

1972 年 12 月 23 日，尼加拉瓜共和国首都马那瓜发生了大地震，一座现代化城市顷刻间变成一片瓦砾，死亡万余人，511 个街区的房屋被无情震毁。令人惊奇的是，唯独 18 层的美洲银行大厦竟在一片废墟中安然屹立，而大厦正前方的街道地面却呈现了上下达 1/2 英寸的错动！如此奇迹，轰动全球。

这个奇迹的创造者就是著名工程结构专家美籍华人林同炎。他在设计美洲银行大厦时，想要设计一座地震中不会崩裂的大厦，但是怎么都没有办法解决建筑材料在强大外力下变形、裂开的问题。就在他一筹莫展之际，忽然想到如果不是把思维的重点放在正面，而是放在反面呢？

在多方筛选测算后，他采取了框筒结构。这种结构和一般结构不同，具有刚柔相济的特点：在一般的受力情况下，建筑物有足够的刚度来承受外力；而当受到突如其来的强烈外力时，可由房屋内部结构中某些次要构件

的开裂使房屋总刚度骤然减弱，从而大大减少主要构件的建筑材料所承受的力。这种以房屋次要构件开裂的损失来避免建筑物倒塌的设计思想突破了一般常规的思维框架，突破了以刚对刚的正面思维模式，从而创造了世界上少有的奇迹。

在这里，林同炎选择了以“逆保护”来保护。保护与破坏是完全对立的，但这并不意味着它们不能互补共存。如果不遗余力地保护不能达到“保护”的最终目的，那么不妨使“保护”和“破坏”双方呈现出相互依存的态势，主动设计一些在强地震中会被破坏的东西，恰恰成就了保护的目的。在主要建筑体完好的前提下，次要内部结构的破坏反而使得建筑避开了强震的摧残。

我们常常因为思维定式而堵塞自己洞悉事物的目光和创新的思路。用“逆向思维法”从结局往前走，学习以往发生过的事件，能帮助我们有效地打破思维定式，提高对现成的观点结论的甄别能力，有利于我们开阔视野，活跃思路，促使自己成为一个新世界的助力者。

第二节 成功利用逆向思维的案例

亲爱的弟弟

一年前杰克的父母在意外中去世了，家里只剩下杰克和弟弟，杰克很爱弟弟，很怕再失去唯一的亲人。

可是小区里出现了一个对小孩作案的杀手，邻居家10岁和9岁的小孩相继被杀。杰克的弟弟8岁，所以杰克想要和弟弟寸步不离地在一起，生怕他会惨遭毒手。慢慢地，杰克发现弟弟的性格变开朗了，以前的弟弟既内向又忧郁，杰克为弟弟的变化感到无比开心。

有一天，杰克到楼下取快递，不经意地一抬头，发现弟弟正从楼上往下看。杰克对弟弟挥了挥手，然后就赶快回家去看弟弟了，可是回家之后却怎么也找不到弟弟，难道是小孩杀手又出现了？但是杰克在出门之前将大门已经锁好了啊。后来杰克在楼下找到了弟弟的尸体，原来弟弟从窗口摔到了楼下。

这是为什么呢?

案例分析

弟弟应该不是失足掉下楼的，外人又无法进入家里谋杀弟弟，那就只有一种可能，就是弟弟是自杀的。但是弟弟为什么自杀呢？最近弟弟明明已经开心起来了？因为弟弟发现了比死更可怕的事情。联想到最近很多小朋友被杀，可能弟弟就是发现了“小孩杀手”要残忍地杀死他，与其被杀死，不如自杀。但是在家里的弟弟是怎么发现“小孩杀手”的呢？可能杰克就是小孩杀手，弟弟在家里发现了杰克杀人时所穿的带血衣服，所

以知道了哥哥是杀手。哥哥为什么要杀死邻居家的小孩呢？杀死邻居家的小孩之后，弟弟开始慢慢开心了一些又是为什么呢？这两个问题连起来看，应该是邻居家的孩子经常会欺负弟弟，所以导致弟弟抑郁，哥哥为了保护弟弟，所以杀死了邻居小孩，所以弟弟开心了起来。但是弟弟发现哥哥是凶手之后，怕哥哥把自己也杀死，所以跳下楼自杀了。

九死一生的飞机

一架飞往悉尼的飞机刚起飞不久，机长就收到这样一条信息："在这趟班机上我们安装了炸弹，当飞机下降到海拔 2000 米以下的时候，炸弹装置会检测到气压的变化，将全体机组人员和所有乘客送上西天，哈哈……"机长看完恐怖分子的这条消息，瞬间惊吓过度，慌了神，但是他肩负着飞机上所有人的性命，他告诉自己不能慌。

目前飞机是在 1 万米以上的高空中飞行，一定不能让飞机低于 2000 米，可是燃料被用尽之后还是找不到炸弹该怎么办呢？机长急中生智，突然和控制室的副机长说："我有办法，听我指挥。"机长改变了航向，安全在机场着陆。事后拆弹专家在飞机尾翼找到了炸弹，进行了试验，炸弹果然在 2000 米的高空爆炸了。

飞机是怎样安全降落的呢？

我们一看到这件事，大多数人在脑海中的第一反应是模拟飞机降低到 2000 米时的场景，想着该怎样顺利通过 2000 米，但是机长利用了逆向思维。飞机不能低于 2000 米，但是飞机必须降落，好让乘客们安全下机，那我们可以让飞机场高于 2000 米。机智的机长改变航线，选择了 2000 米海拔之上的飞机场进行降落，挽救了飞机上所有人的性命。

唯一的证物

警察接到一起报案后立刻赶到某公寓，发现马克死在自家客厅的地板上。

警察们开始按惯例在现场采集证据，可是忙活了半天，发现凶手竟然什么线索都没留下，真是个狡猾的罪犯。正在警察们面面相觑，不知这个案子该怎么查下去的时候，其中一个警员不小心碰到了桌子上的一个录音机。这时录音机里传来说话声："我是马克，刚才我接到了文森特的电话，说他要来杀我，如果他说的是真的，我可能很快就要遭遇不测了……糟了，我已经听到门外他的脚步声了……"接着录音里传来了开门的声音，然后就断了。有的警员开始兴奋起来了，说："太好了，凶手竟然留下了这么重要的线索，我们现在就把文森特捉拿归案吧。"但是警长却说："慢着，凶手不是文森特，而另有其人。"

警长为什么这么说呢？

凶手杀人如此干净利落，没留下任何线索，怎么会这么大意留下直指自己的证据呢？而且如果录音机里的话是马克录的，那么要倒带才能听到录音的内容，但实际上，是其中一个警员不小心碰到了录音机，录音机就开始播放这个内容了。所以录音带不是马克录的，是凶手为了陷害文森特而制造的假线索。

盗窃的毒品

一名刚工作不久的大学生在晚上发现公寓楼道里有一个人疑似小偷，便喊了一声。没想到这个家伙听到有人，撒腿就跑，大学生见此情景，立刻追了过去。小偷光顾着跑，没注意前面是十字路口，结果被汽车撞倒了。

开车的司机是个曾获奖的著名作家，笔名月无限。事情发生得太过突然，他被眼前的景象吓傻了，腿软得下不了车。大学生跑过来，告诉作家被撞的人是个小偷，他会为作家做证，证明他没有责任，作家这才缓过神来。

大学生跑到不远处的电话亭打电话报警，本来是很简单的一件案子，但是警察过来之后发现被小偷偷走的东西里不仅有珍珠、宝石、照相机一类价值不菲的东西，还有一支装着毒品的钢笔，钢笔上刻着一个横着的“8”，上面没有任何指纹。

公寓里的受害者被请到警局做笔录，当然，没有一个人承认钢笔是他们的。第一名受害者是酒吧的服务员，他被盗的东西是相机和 8 万日元现金，他所在的酒吧经常有外国船员进出，所以他完全有可能是从外国船员的手里拿到毒品的。第二名受害者是导游小姐，她住在 8 楼，被偷的当时她正带着旅行团在东南亚游玩，她的珍珠项链和钻石耳钉被偷了。第三名受害者是一名有吸毒记录的学生，他的生活费——28 万日元被偷走了。

谁才是钢笔的所有者呢？

我们进行逆向推理，钢笔上没有指纹，肯定是被别人故意抹掉了，谁有接触钢笔的机会呢？一个是大学生，另一个是撞倒小偷的作家，作家肯定也是需要钢笔的，而钢笔上倒着的一个“8”也是数学符号“无限”的意思，作家的笔名就叫“月无限”。他出了交通事故，车上和身上的东西都有可能被搜查，所以他将钢笔上的指纹赶快擦干净，然后偷偷地放在死者的包里。

证据的背面

威廉警官在巡视监狱的时候发现一个相貌清秀的金发青年在拼命地捶门，边捶边喊救命。一同随行的狱警告诉威廉，这个囚犯名叫杰森，他在公园里杀了两名警察，结果被抓，过两天就要执行死刑了。但是威廉觉得这个杰森不像是那么残暴的人，他的案子可能有问题，所以他让狱警把杰森的卷宗拿来进行仔细查看。

卷宗上写到，一个雨夜，森林公园里有两名巡警被人袭击，第二天他们的尸体才被发现，当时天已经放晴了。大雨将凶手的证据都冲没了，警方在现场只找到了泥地上的一个鞋印。警方立刻搜查整个公园，只有杰森声称自己被大雨困住了。警方将杰森的鞋子和取得的鞋印对比，发现完全吻合，虽然这种鞋子有很多人在穿，但是出现在现场、大小又完全相同的可能性是很低的。所以杰森被判有罪。狱警在一旁说："事实清楚，证据确凿，肯定是他。"但是威廉警官却说："这个鞋印恰恰证明杰森是清白的！我要帮他翻案。"

为什么鞋印能证明杰森是清白的呢？

案例分析

雨后的晴天，阳光照射到泥土上，让泥土变干的同时，也会让留在泥土上的鞋印收缩，至少会收缩半码左右，所以如果杰森的鞋子和鞋印完全吻合的话，说明杰森是清白的。凶手的鞋码应该比杰森的大半码到一码。

北极动物研究组织

动物研究院组织了一个小队来到北极，想要近距离观察和研究北极动物的习性。但是由于一场意外，小队和外界失去了联系，大家被困在了北极。队长卢卡斯对大家说自己带了个特制装置，只要一天没给外界发送消息，北极救援队就会出发找人，如果装置上的红灯亮了，就说明救援队在附近。队长的鼓励很有用，大家都充满了希望，可是过了几天，装置还没亮，带来的食物却要被吃完了，在这种极为寒冷的天气里，又没有食物，大家会活活冻死在这儿。有人提出想去打猎，队长激烈反对，但是最终，队长敌不过众人活下去的愿望，他只能拿起猎枪去打猎。队长是小队里枪法最好的人，可是在打猎的前几天总是空手而归，队员一个接一个地因为饥饿和寒冷而不断死去。几天之后，队长终于带回来一些北极狐的肉，他将肉定

量分给大家，可剩下的几名队员仍然没有撑过去。最后，只剩下队长卢卡斯和队员费恩活着。

肉全都被吃完了，就在费恩和卢卡斯的生命即将走到尽头的时候，费恩在帐篷外看到一只受伤的北极狐，他用刀抓住了这只北极狐。他带着猎物回来的时候，特制装置上的红灯突然亮了，他们有救了。费恩对卢卡斯说：有了这只北极狐，他们就可以撑到救援队过来了。正当费恩想用刀切开北极狐时，卢卡斯拿起了放在角落的猎枪打死了他。

卢卡斯队长为什么要这样做？

案例分析

我们从结局往前分析，当费恩看到受伤的北极狐，在所有的食物都被他们吃完了的情况下，北极狐是他们活下去的希望，但是费恩只是拿了把刀来对付北极狐，为什么不用“放在角落”的猎枪呢？这和猎枪放在角落的原因是一样的，就是队长卢卡斯说子弹被用完了。但是事实证明，子弹其实并没有被用完，因为队长出去打猎根本就没有开枪，他怕队员怀疑，才说子弹已经被打完了。那么，没有开枪怎么打来的肉呢？在卢卡斯出去打猎的前几天，他什么也没有猎到，后面有队员陆续死了，卢卡斯才带回来食物，其实他带回来的肉都是死去队员的肉。所以费恩最后说要吃北极狐肉时，卢卡斯担心费恩尝出之前的肉和北极狐的肉味道不一样，从而发现之前吃的都是人肉，所以打死了费恩。

帮忙的魔术师

某酒店为庆祝酒店成立 30 周年举办了一场酒会，总经理负责操办这场酒会的相关事宜。他将自己收藏多年的珍贵邮票拿出来供来宾观赏。

酒店邀请了众多社会名流，其中有个人趁大家不注意，随手拿起一张邮票放在自己的口袋里，但是还是被珍视自己邮票的总经理看见了。如果当场揭穿他，会让场面尴尬，扫了大家的兴；如果假装没看见，又不甘心。

这可是自己珍藏很久的宝贝，就这样被人给拿走了。

突然，他想到一个办法，请来了一名魔术师朋友。他把现在的情况对魔术师说了一遍，希望魔术师能帮他将邮票拿回来，魔术师答应帮这个忙。

于是，总经理对大家说："各位贵宾，今天为了给酒会助兴，我特地请来了享誉中外的著名魔术师为大家表演精彩的节目。"魔术师上台表演了两个小节目，就轻松地把邮票拿了回来。

魔术师用了什么方法既取回了邮票，又不让场面尴尬呢？

案例分析

既然不想让对方尴尬，就不能说这邮票是他偷走的。魔术师可以先将一张假邮票扔掉，然后对各位来宾说这张邮票已经被变到一名来宾的口袋里了，不信大家可以一起来看。就这样，魔术师可以堂而皇之地拿回总经理的邮票，又不使场面尴尬。

煞费苦心的探长

早上，唱片店的老板发现店里的玻璃被打碎了，柜子上少了一套流行唱片，就报了警。

布莱恩探长到案发现场查看时，问唱片店的老板："除一套唱片外什么都没丢吗？比如现金之类的。"老板回答说："我也在奇怪这点呢，我检查了放在抽屉里的钱，一分都没少。"布莱恩探长心想，看来这个小偷不是惯犯，唱片店的隔壁就是学校，可能是有学生很喜欢这套唱片，但是又没钱买，所以做了错事。如果沸沸扬扬地调查，最后大家都知道是他偷了东西，会不利于他以后的成长。所以布莱恩探长和校长商量，由他扮成新来的语文老师，到喜欢听歌的学生最多的几个班级，对同学们说，为了训练想象力，让他们每个人都写一篇作文，题目是《小偷》。假设学生们自己是小偷，会用怎样的办法进入唱片店偷走东西，半小时后交卷。

布莱恩探长认真阅读交上来的作文，其中有三篇有些可疑。第一篇写到：我用锤子敲碎了唱片店的玻璃门，蹿进店里。我并没有去撬那两个

钱箱，而是拿走了一套我最喜欢的唱片，然后赶快跑回了学校；第二篇写到：半夜，我打碎了唱片店的玻璃窗，爬了进去，可是找了半天也没找到钱柜，就拿了一张最贵的唱片，偷偷溜了出去；第三篇写到：我戴着手套撬开了唱片店装钱的抽屉，把钱偷了出来，我要用这些钱买很多好听的唱片。

第二天早上，布莱恩探长找到其中一名学生。经过耐心教育，他终于承认自己偷了那套唱片。布莱恩探长怎么知道他就是那个小偷的呢？

案例分析

如果根据小偷留下的线索去找他，相当于大海捞针，就算只在学校里找，也很不好确定。所以布莱恩探长运用了逆向思维的方法，让小偷自己暴露。因为小偷一定是非常热爱音乐的，所以喜欢听歌的学生人数多的班级是重点怀疑对象。对于没偷东西的同学来说，写这篇作文的确是在发挥想象力，但是对于小偷本人来说，写这样一篇作文就会或多或少地带有回忆的色彩，难免会露出马脚。谁的作文中带有和实际情况相似的犯罪手法或者与实际场景相吻合，谁就是小偷。在第一篇作文中，作者提到了唱片店有两个钱箱，说明他了解店里的实际情况，他极有可能就是偷唱片的同学。经过布莱恩探长的循循善诱，他也终于承认了。

图书在版编目(CIP)数据

福尔摩斯全脑思维开发术：越玩越聪明的逻辑思维推理游戏 / 姜克峰著. —北京: 中国法制出版社， 2019.6

ISBN 978-7-5216-0160-2

Ⅰ. ①福… Ⅱ. ①姜… Ⅲ. ①智力游戏 Ⅳ. ①G898.2

中国版本图书馆CIP数据核字（2019）第072796号

策划编辑：陈晓冉　　责任编辑：陈晓冉　冯运　　封面设计：汪要军

福尔摩斯全脑思维开发术：越玩越聪明的逻辑思维推理游戏

FU'ERMOSI QUANNAO SIWEI KAIFASHU：YUE WAN YUE CONGMING DE LUOJI SIWEI TUILI YOUXI

著者 / 姜克峰

经销 / 新华书店

印刷 / 北京海纳百川印刷有限公司

开本 / 710毫米 × 1000毫米　16开　　印张 / 12.75　字数 / 118 千

版次 / 2019年6月第1版　　2019年6月第1次印刷

中国法制出版社出版

书号ISBN 978-7-5216-0160-2　　定价：39.80 元

北京西单横二条2号

邮政编码100031　　传真：010-66031119

网址：http://www.zgfzs.com　　**编辑部电话：010-66034985**

市场营销部电话：010-66033393　　**邮购部电话：010-66033288**

(如有印装质量问题，请与本社印务部联系调换。电话：010-66032926)